愛與放手

親職性教育生涯規劃11堂課

呂嘉惠 / 著

目錄

第一課｜親職性教育
與孩子一起成長學習的全人教育 ...37

第二課｜性教育的主角是家長
孩子在關係中體驗性教育 ...65

【推薦序】
親子關係的日常互動，
是性教育最重要的現場

「性教育」，幾歲教？要不要教？
教什麼？怎麼教？

　　這是很多家長關心卻又希望延緩面對的親職課題，總覺得孩子只要不接觸到性，成長中就不會受傷。然而，社會快速發展下，孩子儼然已經浸泡在性的環境下長大，例如：航海王裡面主要女性角色羅賓、娜美身形都以細腰、胸大，穿著性感樣子呈現、以及網路發達的年代，色情書刊、情色媒體容易取得的情狀下，孩子一旦開始感受到性意識，周圍這些與性有關的訊息，孩子會開始鮮明的感受原本就存在周圍的這些刺激，在性好奇、性探索的驅使下，若性教育在孩子成長中缺席，孩子自然用自己的方式去解答自己的困惑。讓孩子在性上面自學，往往也不是家長所期望的。

　　然而，家長若要教，怎麼教，目前坊間有關性教育書籍，多在闡述孩子性生理發展，有些書會多點闡述孩子出現性好奇、性嬉戲、性探索怎麼看待與因應，家長因了解可以正常化孩子性嬉戲、性探索，例如：2－3歲時，玩自己的性器官。幾乎沒有性教育書籍是用親職性教育的位置撰寫，協助家長了解如何一步步建構親職性教育的能力，很推薦《愛

與放手：親職性教育生涯規劃11堂課》這本書，對有心想要跟孩子談性的家長之最佳的性教育寶典。

性教育，教什麼？

近十年跟嘉惠老師學習性諮商的過程，拓展了我對性教育的視野與內涵，也讓我了解「依附關係為主體的親職性教育」對孩子成長的重要性，當我用這理念在與家長、老師工作經驗時，從家長、老師因知道原來性教育是人格教育、關係教育、愛的教育，性教育可以在關係中，經由互動在關係中自在的建構相關能力給孩子，「依附關係為主體的親職性教育」理念讓很多家長、老師感到安心，深深覺得每個家長都應該好好認識「依附關係為主體的親職性教育」，將大大增能「親職」效能。

一直盼著嘉惠老師可以把她在性領域上面耕耘的經驗集結出書，已經是鐵粉的我，早已經計劃當頭號書迷，沒想到先收到我在性諮商、性教育、親職性諮商專業學習路上最重要的導師「荷光性諮商訓練中心執行長呂嘉惠」邀請寫本書的推薦序，真是又驚又喜。在看完整本書後，很敬佩嘉惠老師有系統的將她幾十年在性諮商工作經歷與學習，用溫柔、流暢的文字將「親職性教育的內涵與概念」緩緩帶著家長去感受、理解，並運用大量故事、實務案例、及與女兒互動時身為家長的各種心情與內在糾結，女兒到青春期時，練習放手的難，規劃成《愛與放手：親職性教育生涯規劃11堂

課》，這本書絕對是與孩子進行性教育家長的最佳武功秘笈，還沒準備好跟孩子進行性教育的家長，也可以先買一本放在家裡，只要您有未成年孩子，有一天你會需要它。

而「依附關係為主體的親職性教育」對很多人來說，是很陌生的概念，甚至沒有聽過，但是當你了解之後，你會發現本書是在教你怎麼樣愛孩子，跟著嘉惠老師在親職性教育的生涯規劃課一起前進，你也會深刻感受到性教育就是「關係教育」，保持親子關係溝通管道的暢通，永遠是性教育最重要的基礎，親子間的對話與互動，就是性教育最重要的日常。

孩子在有愛的關係中，學習各種能力

親子的依附關係品質好，孩子可以在這關係中學習到各種能力，像是，覺察感受、安頓情緒、傾聽他人、表達需求、接受設限、溝通想法……等。這些關係中的能力並非年紀到幾歲，自然就會，是在關係中一點一滴陪伴來子練習學習來的，當父母可以傾聽孩子聲音時，孩子藉由被父母傾聽而學會傾聽自己，進而有能力去傾聽他人；當孩子有情緒時，父母可以協助孩子調節情緒，幫助孩子了解情緒來源，並回應孩子情緒，孩子會學會覺察情緒與安頓情緒。

這個世代的很多家長的位置是「最願意尊重孩子，卻也最怕孩子受傷的時代」，這往往讓家長很矛盾，怎麼拿捏親子關係的界線，「尊重自己的感受」是性教育當中重要的

意涵。

　　不管您孩子是嬰幼兒、學齡前、學齡或是青少年，本書撰寫是搭配性發展順序，都有專屬於您的篇幅，家長透過閱讀歷程也自然會跟自己教養理念、價值觀、哲學觀有著大量對話，讓這些對話成為你了解自己親職界線，在您的親職教養中，可以找到自己親子關係的界線。性教育在孩子的成長中已經缺席太久了，我覺得《愛與放手：親職性教育生涯規劃11堂課》這本書，不單單對家長有幫助以外，對於每個想要跟孩子進行性教育的成年人，都會是您可以依附的性教育專業書籍。

　　讀到嘉惠老師〈寫給未來女兒的家書〉，看的時候超級感動，眼角泛著淚，我感受深刻的愛與到被信任的力量。想著當我小時候，如果我母親也可以寫給我這樣一封家書，告訴我長大過程總有很多新事物、新發展任務要開始自己面對、做決定，告訴我他支持我做我自己，以及說媽媽這裡會是最佳情感後盾，我想，青春期的我，會帶著媽媽「祝福與愛」前進，祝福每個家長也可以當孩子生命中最美的力量，支持孩子成為他自己。

王嘉琪

心理師／性諮商師／性教育師

芸光兒童與青少年性諮商中心經理

台灣性諮商學會理事長

有性健康的大人，
才有性健康的孩子

嘉惠與我

2007年暮春，還是新手諮商師的我，積極的想讓自己培養心理諮商的次專長，在眼花且迷路於各式諮商理論與技術的訓練課程宣傳時，令我眼睛為之一亮的，是嘉惠首度開設、為期九天的助人工作者性議題訓練。

當時性別平等教育法才剛通過沒幾年，國內對於性別平等的意識、在性侵害／性騷擾防治的倡議正盛、研習之多，而我彼時好想知道：「在性這個題目上，除了『防治教育』，在諮商過程裡還有哪些看待性的觀點？究竟還能為性做些什麼？」我雖心懷惴惴但也毅然決然的報名了當時對我來說算是很昂貴的訓練課程，然人生至此，也證明了這是我做過最值得的投資——完全開啟了我對性的全新視野，至今亦如是。

十三年來向嘉惠學習且共事的這些時光裡，嘉惠不僅是我在性諮商專業訓練的恩師，更是專業工作上超有創意和美妙點子的老闆、人生旅途裡的好夥伴與時刻提醒我靜心以對的摯友～每每一個點評或分享，總是能讓我茅塞頓開，在以全人性健康為基礎意識、根據全人性發展階段所設計的性諮商訓練課程裡，更是能親見嘉惠實踐以依附關係為主體來

修復人格脊椎的觀點，如何支持一個人乃至家庭、甚至系統在社會上的生存與生活。

因此特別高興嘉惠第一本以親職性教育為主題的書終於誕生！本書將上述理念化為深入淺出的文字、與讀者對話的演講文稿，以饗更多關心性、有興趣的夥伴們，而能為本書撰寫推薦序文實屬我畢生莫大榮幸。

拜讀本書過程裡，實不相瞞，我因著被觸動、感動或者激勵而數度淚如雨下，為什麼呢？

誠如第二課嘉惠談及甚麼是「性教育」？性教育絕不只是教生理構造和器官、杜絕性侵害、克制自己和對方的慾望⋯⋯

「讓孩子能夠尊重自己的感覺、愛自己的身體、愛自己的性別、愛他自己這一個人，且知道有人（最好是家長）會愛他，有人會放下權威放下面子去傾聽他的感覺、在意他的感受，協助他理解自己的感受，願意跟他協商討論，並找到針對他的感受所可以執行的人際應對的方法，是讓他有信心且在這個混亂什麼事都有可能會發生的世界上，知道他無論經過了什麼他都是被愛的。」

愛需要能力

我相信每個人都值得被愛，而愛的方式需要被支持的學習與鍛鍊。

在這本書中，我充分感受到嘉惠所說：性教育是奠基在好的依附關係之上，讓一個人了解自己、愛自己、身體、心理、性別，在其中學習理解慾望、性的界線與人際互動的一個歷程，也學會做他自己、修復自己的人格脊椎包含五大面向～依附能力、情緒能力、人際能力、資源使用能力及人生哲學，這五大面向也是人生的重大支撐。書中嘉惠所舉出的各式各樣案例裡，都不斷的在印證這五大能力如何評估與被實踐。

　　因此我非常折服於嘉惠所說的性教育～這不但是愛的教育，也是全人教育啊！當孩子的這些能力因著在有人陪伴而被建構而成時，同樣的，大人也需要被理解、陪伴和支撐。

　　我～作為一個與青少年的家長歲數約略相仿的「大人」，能夠體會在成長階段裡這世界還不足以支撐對性的好奇、還沒準備好面對性，因此成長彼時無多少性資訊但只能靠自己摸索成長，這過程裡有意識的各種性規範／性價值觀或無意識的性態度所刻下恐懼與害怕性的傷痕，而往往在孩子出現超過家長所能想像的情況下舊傷被喚起、形成新傷，而在這樣性議題的傷重時刻，傷被忽略卻要求家長要像個成人要愛他的孩子、要理性以待，不能生氣、憤怒甚至還要他接受，這實在太強人所難了。

系統合作讓家長、師長在被專業支撐下 更有能力面對孩子的性發展

　　我～作為一個從事性議題且與學校和機構合作的心理師／性諮商師，系統合作的共識實在太重要了！我看見嘉惠在第七課提醒著：孩子性議題不只是家長或一個老師的事，而是在團隊中找到共識合作幫助彼此安頓，當家長與孩子間因著性議題而衝撞得頭破血流時、當家長或老師只焦急著孩子性議題的改善時，我知道要能先讀懂那些曾受過的傷；當成人覺得自己困頓且無力可施時，優先需要的不是再被要求增能，而是能被支撐度過這些慌亂且心傷時刻。

　　因為深受嘉惠系統合作觀點的影響，當我有機會如執行2015年新北市政府「國中知性青春最花漾」計畫以及在各個機構裡帶領「青少年性議題增能式體驗方案」時，更明白單向式的演講已經無以滿足成人所面臨的處境，因此當成人有機會藉由體驗型工作坊來探索自己的價值觀、釐清自己的觀點，吸收知識、鍛鍊與孩子互動性議題的技巧，逐漸建構自己的能力。也影響了我不論是跟孩子工作時，看見他被轉介而來的原因不是性問題，而是缺乏能力；當我與家長工作時，我會盡力去讀懂家長身上的傷、看見他們已經擁有的潛能和資源，再據此作為進一步增能的根基，回到能力建構取向來增能；陪伴學校或機構在面對性議題的危機時，以專業人員的角色連結以支撐他們度過這些時刻，當他們的能力被建構起來時，也就更有自信與自己的團隊夥伴共同激盪創造

屬於系統文化的處遇方式。這些眼光都在說明所有在系統中的關聯者，包括孩子、家長、教師或有關的人，都是生命共同體，也是一起成長的。

有性健康的大人，才會有性健康的孩子啊！

嘉惠最擅長的是，看見在系統中每個人的潛能，給予所需要的養分，建構所需的能力，讓他煥發出本該有的光彩！當整個系統的性健康意識共同提升、有越來越多應對的能力，自然也就有更好的自癒力來面對一切。

本書傳達嘉惠對世界的愛、對人的關懷，而愛的力量如何穩當結實的成長與鍛煉，我作為一個性諮商專業工作者以及作為一個人，同感因著閱讀此書也被深深的被支撐著。

邱雅沂

心理師／性諮商師／性教育師

荷光成人性諮商中心心理師

曾任台灣性諮商學會理事長

未來很長，性教育這條路，
我們繼續一起走

從曾經為性所苦的人的角度，
我們向你推薦這一本書

性，是理解人經歷與發展的一種脈絡。

而關於如何幫助一個人了解在自己的生命當中，性是什麼、發生什麼、又讓人變成了什麼？

如果說，有誰可以給你一個滿意的答覆，我們認為，那個人非呂嘉惠莫屬。

我們是荷光性諮商專業訓練中心－青少年性諮商團隊的心理師群，如果目前為止你還不算認識嘉惠，請容許我們向你簡單地介紹這個人。原本，我們散落在台灣的各個地方，各自在不同的城市從事心理師的工作，花蓮、桃園、新竹、台中、台南、高雄；直到我們各自在不同的時間、因為不同的事件認識了嘉惠。現在回想起來，那樣的相遇或許該稱為一種命定的契機吧。由於成長的過程中，隱晦、禁忌、羞恥與關於性的種種在我們身上加上了層層束縛，限制了我們正向看待自己的方式，我們不僅對抗著自己，也對抗著世俗。於是在遇見她的那年，我們多多少少都在原本的生命當中，因為性而經歷了深淺不一的苦；而那樣的辛苦，在遇見她之後，有機會漸・漸・漸・漸・不再是一種自己和自己的

爭執。

嘉惠對我們來說，亦師·亦友。

而今即將邁入第一個十年，身為荷光青少年性諮商團隊的一員，我們和其他分支的兒童、親職、以及成人性諮商團隊得以在性議題的專業工作上頭角崢嶸以至於遍地開花·這一切的開展，其實，是從發生在我們身上的改變與療癒開始的。

這本書的主體不是問題化的性，是人如何看見並且安頓自己，你會在閱讀這本書的過程中，發現自己目前或曾經遭遇的磨難，其實是我們共同經歷的困難；或許你會因此感受到些許寬慰，並且窺見安頓自己的一種方向。

從青少年性議題專家的角度，我們向你推薦這一本書

由於在多數人的成長過程當中，關於性的一切很少有機會被提及、被述說、或者被討論，所以在學習環境極度匱乏的現實情況下，我們必須承認一個事實，那便是無論今天我們的角色是成人、父母、教師、或者專業助人領域當中的職業工作者，幾乎沒有人在一開始就準備好要和孩子談論關於性的種種。

有人說，性這回事兒，牙一咬豁出去不就談上了？

我們敢賭上專業名聲打包票，在各種性議題當中，要能照顧自己，以至於照顧對方，從來就不是一種抉擇，而是

需要反覆練習之後才能逐漸掌握與熟練的能力，而父母無法教導孩子那些連我們自己都不會的東西，所以，毫無疑問地，父母必須先熟練如何照顧自己，才有可能在陪伴孩子的過程中，輔助他們也培養出照顧自己的能力。

有人對父母說，身教是也。

可是，身為助人工作者，只要仔細想想並不難發現，這種曉以大義的說法並沒有辦法照顧到正因為孩子性議題而感到焦慮而無力的父母；因為他們需要的是具體的建議，而不是意見。引述嘉惠的用詞，如果希望父母成為可以支撐孩子去經歷改變和成長的人，身為助人工作者的我們，就必須先成為可以支撐父母在當下穩住陣腳並且經歷改變的人。

怎麼做？從照顧眼前受苦的人開始。問題是，眼前受苦的人是誰？

在第六課的例子中，提到社工師難以教導家長用包容與陪伴的角度看待發生在自己孩子身上的性問題，「而這些讓你覺得難以調整的家長，你必須知道他們現在正嚴重的受到創傷，受到孩子不符合期待的傷……」

怎麼照顧在孩子的性議題當中同時經驗創傷的家長？

閱讀這本書的過程中，你會看見具體的建議與做法，同時看見身為助人工作者，自己目前尚有不足的地方。

「然後，可能性其實不只一種。」

孩子在成長的過程中，可能會經歷各式各樣的衝擊與變化，而面對青少年階段的孩子，成人經常發現很難在一對

一的互動形式中進行有效能的對話。

原因之一：發展階段

青少年處在與同儕互動的過程中建立自我認同的階段，此時他們關注的重點經常不是成人，而是身邊的夥伴。於是，其中一種事半功倍的做法，是為孩子創造一個可以和同儕一起經驗和學習的環境；好比說，青少年性教育夏令營。我們發現在縝密設計各項學習活動的營隊當中，透過多名性諮商師的引導與帶領，能讓數十名青少年在為期一到三日不等的過程中，充分體會在安全的氛圍當中吸收知識、解答疑惑、並且充分表達內在感受的經驗。

而身為助人工作者，如何將孩子在營隊當中經驗到的美好，轉化為親子之間更多對話與溝通的契機，自是更多需要掌握與熟練的能力。

原因之二：互動方式

這麼說吧，身為孩子的那些年，我們都有點逃避跟大人坐著面對面說話，無論如何，正式的場合總是讓人覺得有點緊張對吧？如果不想嚴肅地說話，那麼，來玩遊戲如何？

我們為青少年開發了一套談論身體變化、愛、與性專用的桌上型遊戲，名喚《塞可斯》，讓孩子們能在參與桌遊的同時，聽、說、分享、並且學習。

我們說的孩子，包含現在正值青春期的孩子，和他們父母心中，當初那個沒有機會好好經歷青春期的孩子。

閱讀本書的過程中，你會發現運用資源並且適時求助，也是成人熟練之後才能帶給孩子的能力。

我們心裡必須明白
所做的這一切努力
不是為了預防某種問題的產生
而是為了帶給孩子我們未曾有過的美好

龍冠華
心理師／性諮商師／性教育師
芸光兒童與青少年性諮商中心心理師

學習如何陪伴孩子談性說愛，從理論到實務

　　如何陪伴孩子談性說愛，是我們文化下大家大都很生疏的一件事。呂嘉惠性諮商師用其長年經驗，為家長整理出簡單精準的角度，讓家長可以秒懂。我認為這非常有價值。

　　通常我們這文化下的人們，對於性是隱晦的。雖然時代較過去更為開放，但是若要問父母如何跟孩子談性說愛，大家還是會拿不定方法。閱畢此書，我能看到我女兒可能因為有個有好觀念的媽媽，而有更多的幸福感。

鄭婉琪

台灣羽白群學計畫主持人

※　　　※　　　※

　　這是一本，值得家長擁抱的書，是你與伴侶因關心性教育，而開始討論性的媒材；也讓你知道如何在孩子成長中持續陪孩子面對性。

　　它帶來的不只是孩子的性健康，而是你與孩子在關係中無價的愛，感受性的議題，帶來生命的禮物。

　　這是一本，親職性教育專業工作者，值得看的好書。讓你面對孩子性的題目，有一個更宏觀的視野

在諮商或教育的現場，能得著更多施力的方向。

邀請你，一起來細細閱讀這本書！打開生命靠近性的契機，那會是意想不到的發展，更多是貼近自己，貼近孩子。

陳姿曄

心理師／伴侶性諮商師

※　　　※　　　※

養孩子，是一場巨大的社會實驗。每個階段的孩子，需要養出的能力，截然不同。嗷嗷待哺的奶娃，與內心成長速度追趕不上身材抽高的青少年，要養出的是對關係的信賴感，抑或，「知道自己可以」的我能感。 在不同階段養出每種能力，父母的位置都不同。本書不同於坊間傳遞理論的教養書，你會經驗本書的閱讀歷程，像是將龐雜來自多方的思緒流過聚焦的漏斗，客製化濃縮出你與孩子的教養觀點。一起來找到專屬於你們的實驗配方吧！

楊舒聿

心理師／親職性諮商師

放手去愛，
回應大衛的召喚

　　我是在2018年3月的性自我探索課程中認識嘉惠的，與其說認識，不如說是嘉惠開啟了我認識性諮商、性教育的契機，是我的銘印經驗。

　　真正認識嘉惠，是透過參與本書每一章前的詩稿創作的歷程。記得嘉惠邀約我為本書寫詩的時刻，我讀完了整本草稿時，第一個反應是「Hi~大衛！」。

　　我經驗到，與書對話的過程中，不斷地被啟發、被看見的自己，彷彿有個知己陪著我再次經歷了孩提到成人時期對於性的困惑與好奇、興奮與恐懼。所以，我希冀自己協助演講集的出版，將如同米開朗基羅雕刻大理石一樣，將大衛帶到人們面前，被它啟發。

　　雖然身為諮商心理師，親職性教育生涯規劃這個主題，對我來說既陌生又新穎。多數時間，我並不是站在專業助人者的角色讀稿和寫詩，而是站在內在小孩母親的位置，彷彿嘉惠對著我說話，我一字一句地讀，一字一句地反芻，理解內容、探索自己的感覺，最後才將內容和感覺揉合為詩句。

　　這個過程，帶給我的啟發是，嘉惠的意圖不是在指導讀者要怎麼做，而是分享她在實務上多年經驗的整理，讓每個人在看這本書時，與自己的、父母的、孩子的生命經驗對話，這樣的對話，能引領我們在探索幽微神祕的性與愛的旅途中，回應自己與重要他人內心真實的渴望。

　　很榮幸能參與《愛與放手：親職性教育生涯規劃11堂課》的誕生，謹以〈我與大衛〉一詩獻給讀者們，願我們能穿越性的迷霧，創造出自己的大衛。

張菀馨
心理師

〈我與大衛〉

作者：張菀馨

我看見了大衛
白色大理石裡沉睡的男子
潔白　無瑕
美麗　自信

雕刻刀來回周旋
不分晝夜
我以為
我創造了大衛

大衛注視著我
來自阿爾卑斯山的男子
自信　堅毅
無畏　真實

綴飾偽裝層層褪謝
花落紛飛

明白　不是我的意志
是大衛
召喚了我與歲月

【作者序】

性，是身心親密與健康的禮讚

2018年4月4日兒童節到5月母親節前夕，我開了十一堂「親職性教育生涯規劃」的線上課程。

當時特別選這樣的日子，是因為覺得這個時間段，從兒童到母親／家長，實在別具意義。

在這一個多月中，我用很多故事，帶著聽眾模擬著，陪伴著孩子性發展成長的家長該建構什麼能力。

我們一起～

從愛出發～學習以依附關係為主體的親職性教育。在孩子性發展的萌芽期，在親職性教育能力建構的暖身期，我們學習重視性教育意味著重視依附關係，並清楚的理解性教育是全人教育。

之後我們進入愛的鍛鍊～在孩子性發展的懵懂期，親職性教育能力建構與知識儲備期，我們學習著如何以日常生活隨手可得的性發展的例子，練習跟孩子談人際關係、人際界線與面對青春期的準備。

到了青春期，愛與設限～在孩子性發展的青春／摸索期，孩子發生與經歷的事很容易撞擊著每個家長面對性價值觀衝擊下的設限與涵容能力。青春期孩子的家長，除了要面對孩子青春期時與你的依附關係即將要有調整的心理準備，更要在青春期性發展的爆發期，學習如何面對與孩子的性議

題或性價值觀衝突時，如何化解彼此關係產生變化時的困難處境。

度過了青春期的風暴，真心希望孩子仍願意與我們同在，一起攜手前進。

邁向成人期，愛與放手～而當青年／成年的孩子開始體驗性時，身為家長的你知道，這是孩子前18年你以依附關係為主體的全人性教育累積的實踐。

孩子開始進入愛情、進入性，如何實踐傾聽自己的感覺、有能力能表達自己、傾聽別人的感覺有能力與對方協商，在愛情在性上面不因為文化性別刻板印象而受傷，學習真誠的理解自己與對方與關係，這不是口號而是一生的修行。

「親職性教育生涯規劃」，我的設計是建構成為家長的你或你們，對於如何看待孩子性發展上，一路跟隨著孩子的發展一起學習成長，具備身為學習型家長所需具備的視野，「性教育是一生關心自己的學習」。

如果你與孩子仍在如何建立你們都滿意且適合的關係，那麼希望這系列課程，能給你一些靈感，在孩子不同的發展階段調整關係互動的模式，鍛鍊轉變自己的心態與抓緊關係中你認為最重要的方向，跟著孩子的成長，攀山越嶺，一路辛苦修煉，但也不忘回首品味，享受成為你的孩子的家長這段很重要的人生旅程。

如果你曾與孩子無話不談，這系列課程是建構家長能力，能持續跟孩子無話不談，不因為性的尷尬、禁忌或價值

觀衝突，而放棄了與孩子一同成長的機會，因為我認真的盼望家長在孩子性發展的路上不缺席，更誠心的希望，當孩子成年，你們都是成人時，一樣都會面臨愛情的困惑、性的苦惱，希望面對性，就如其他任何生命中你們會想跟對方分享的議題一樣，讓無話不談的你們可以一起面對的性／幸福與難題，在生命中學習與參透。

這十一堂課中，就好像縮時攝影，快速的讓我們模擬的陪著孩子成長，去預見自己想成為的家長，想傳遞的信念與對生命的哲學。

最後，我們一起在課程中思考，當孩子成年，家長想送給孩子怎樣的成年禮。

而家長陪伴孩子性發展成長，在孩子即將踏入性的領域時，家長想傳遞給孩子對於性的理解又是什麼？

依著這樣的發想，我寫了一封信，預備在我孩子青年期即將成年時，送給他當成紀念。

我也想著，如果我是孩子，我好希望我父母、師長與社會，在我面對自我、情、慾、性、愛與關係，那麼青澀無措的年紀，給我的不只是惶恐、困惑與罪惡，而是，愛與能力。

呂嘉惠
心理師／性諮商師

寫給未來女兒的家書

我想寫在一切還沒有發生之前，

我看著你逐漸長出自己、邁向你的人生，
我心中充滿著祝福與對你的肯定，
還有身為家長必然有的擔心，
那擔心源自於對你的愛，
那個愛，有時候單純、簡單到就只是捨不得看到你受苦。
即便我深深明白，也在自己的生命中實踐～「生命的每一個經歷都是成長的養分。能讓你在其中看見自己的力量、與讓你決定自己是誰。」
但想到在你生命中，你即將體驗到那些會讓你離開孩童時期純真笑容、或傷心、痛苦、心碎的時刻，仍然讓我揪心。

我想寫在一切發生之前讓你知道，

我保證我會好好照顧自己，學習身為家長所需要的知識與能力，
但，
如果在那些時刻到來～你看到我使用家長的權力、禁

止、阻攔、想要拉住你，

別往危險、受傷的地方去，

然而當那一天到來，無論衝突的痛苦如何阻隔了我

們，讓你、我停止了真誠分享的連結～

我想要寫在一切發生之前，

我想要你記得、也會讓自己記得～

這一切出自於愛。

我期盼我的愛有足夠成熟的智慧來容納你、我的不同

我期盼我們的愛有足夠的力量，

來支撐我們從我的時代跨向你的時代，

我已做好與你一起前進的決心。

但，我想寫在一切還沒有發生之前，

與其說是讓你知道，

更多的是讓我在未來我們衝突或為你擔心痛苦時，

提醒我自己記得，

相信你、相信愛、相信生命。

關於性，

你媽的書庫，你一直是可以自由進出的，

裡面有～人們對於慾望的各種樣貌的書籍，其中記載著許多人面對性的各種想法。

無論你幾歲，對身體、慾望、性有什麼好奇、想法，

你知道你隨時可以跟我討論、分享。

在愛情、在性上面經歷到的各種經驗與各種情緒，我很樂意傾聽，

當你困惑不知如何面對自己或對方，我可以跟你一起激盪一百種方法，

就如同你小時候面對人際困擾時，我們一起激盪，然後你去嘗試去實驗後，慢慢的找到你在人際間安頓自己的方法與位置一樣。

關於性，

我想讓你知道，

身體是奇妙的，對自己的身體保持著發現，

對自己的感受保持著好奇、探索而非固著，

如果你有一起經歷性探索、性行為的對象，

請你保持著對自己身體是奇妙的、感受是值得探索的相信！

也帶著這樣的好奇與相信探索對方。

好奇、探索、創意、體驗是身體與心靈的本質。

性也該是如此。

任何抹煞這個本質的狀態出現，

都是你該照顧自己的時刻。

我已將我所知道與能做到的最好的愛給你。

你知道我在你心裡。需要我時，呼喚我。

無論我在哪裡。

聲明

　　本演講與書中所運用的故事與案例，皆是取自呂嘉惠心理師25年專業經驗累積上千案例，為闡釋授課目標模擬呈現。若因訓練需要大量使用個案經歷，必會徵求案主同意。

親職性教育

與孩子一起成長學習的全人教育

上天賜給我們每個人一個身體

卻忘了附上説明

為什麼有性？為什麼有愛？

怎麼去理解性和愛的經驗？

如何和我們的孩子自在地談論性和愛？

啟程，成為為自己賦能的家長

　　大家好，我是呂嘉惠心理師／性諮商師，荷光性諮商專業訓練中心執行長，很開心能有機會跟大家分享我對於全人性諮商與親職性教育生涯規劃的想法。第一課的目的，是讓大家認識我，並且從我對性的觀點，與專業經驗說明我對接下來十堂「親職性教育生涯規劃」的設計概念。

　　這一課，我將分成幾個段落，首先我會介紹我自己，讓你們知道為你授課的講師是怎樣的人、受過怎樣的訓練、對於性的價值觀、工作的取向與對於性的理念是什麼？

　　為什麼介紹我自己那麼重要呢？

　　因為，關於性，每個人因著文化與成長歷程價值觀自然會有不同，這是很正常的，但在性上面的治療，治療者、心理師、教育師，也就是助人工作者因其工作角色，被賦予專家地位，他的價值觀卻會對受眾／被治療者、被幫助者造成極大的影響。而專業背景的差別，比如說醫師執照、護理師、社會學家、心理師、教育者，專業執照的差別，會影響到的是評估的角度與介入／治療的取向與做法不同。

　　因此，這是為什麼我想花點時間讓你認識我，也許未來你未必見得會上我的課，但我希望藉由我的示範讓你明白，不論是你遇到性上面困境或是想瞭解增進性生活愉悅的方法，當你需要使用性教育、性教練、性諮商的專業資源，你必須看這個專家的專業背景，瞭解他對性的哲學，詢問他的專業取向與做法，這些資訊能讓你想想，你要如何使用這

個資源，而非只聽從專家的作法或對你的建議。這個概念是重要的，因為在性上面最重要、唯一重要、沒有比這個更重要的是「尊重自己的感覺」。

運用專家的知識與能力，讓你成為自己的專家，是性諮商、性治療最重要的治療原則。

因為每一個你都是獨特的，每一個你的性的樣貌自然也都是獨特的。

這一課第一個部分，我會以呂嘉惠的自我介紹來說明我發展出的整合性性諮商理論架構與相對應的專業工作者。

第二個部分，以常見先生不跟太太發生性行為的虛擬案例簡單說明整合性性諮商的治療架構的運用。

第三個部分，以上述的案例說明親職性教育生涯規劃的概念與全人性諮商的內涵。

聽到這裡或許你會疑惑，親職性教育演講的例子應該是「我的孩子摸生殖器官正不正常、我要怎麼處理，發現孩子偷看A片怎麼辦？要不要禁止？」……這或許是你因著親職性教育生涯規劃的主題今天來聽講特別想知道的答案。我邀請你，試著安頓你對孩子的擔心與自己性知識與性教育能力不足的焦慮，「擔心」跟「焦慮」，說明著孩子目前的處境困擾你，而你沒有相應的能力可以妥善應對，意味著你希望擁有更多的知識與能力能讓自己勝任家長的任務，希望自己能成為夠好的家長，陪伴孩子成長。

這11堂課主題我把重點放在「親職性教育生涯規劃」，「生涯規劃」的意思是我希望在這十堂課當中，逐步

打開你思考「性教育」、「性發展」、「性行為」、「性溝通」與「親子間談性的關係」這些議題的角度。如果你是家長我希望能將你的視野打開，性教育從來都不只是生理知識教育，性教育是關係教育更是全人教育，它攸關著你希望教養出怎樣的孩子、希望他未來如何看待自己的性、親密與關係。因此，在給孩子施行性教育或任何介入之前，我希望你能夠先開始思考自己的性發展與性價值觀與伴侶關係及性生活狀態，因為這將攸關於你想傳遞怎樣的性價值觀與對生命的哲學。

　　我更希望能拉大你的視野，去想像一下，當你的孩子成人之後，成人性的議題會比兒童與青少年的性議題更困難面對，對你們共有的家人關係中如何面對性，是值得所有家長思考的。或許，當我們眼光真的放在很遠的未來了，才能在此刻明白，如果我們希望未來有所不同，現在每一個能力的建構都是值得的投資與對未來重要的基礎。「生涯規劃」意味著認識自己，看到未來期望的人生，一步一步的累積能力，朝著自己希望的方向前進。「親職性教育生涯規劃」也是如此，這是我想帶給大家的視野。

　　如果你是教育者、心理師，我更希望讓你擁有這樣的概念，不將個案的訴求定義為問題，也不僅執著於當事人此刻的困境，我希望能讓你們對於人的發展、性發展與親職角色的發展擁有整體的概念，「發展」意味著生命是一個不斷學習能力的過程。我想把你的視野拉大，明白唯有協助當事人建構他所需的能力才能擁有他想要的人生。面對於「性與

關係」你的視野越大，越能減少因為你自己的限制而侷限了當事人的發展。

　　在這十堂課中，或許，我們跟著孩子發展的歷程，一起重新思考一下，也曾是孩子的我們，也曾一路經驗過這些發展的歷程。回頭思索一下，在這過程中，你所擁有的能力或是遺憾當時沒有人能協助你建構的能力，這一切，對你的影響，如果能重來一次，你希望有怎樣的成人能怎樣協助你，讓你能對自己身上的經驗減少些困惑與對自己的質疑，有怎樣的成人能協助你，更懂你自己。或許，就從這裡開始，在我們思索過去的經驗，有能力重新詮釋自己的經驗與接納自己。療癒了在性上面的自己，這就是家長要提供給孩子性教育之前最重要的基礎能力。

性諮商與我

　　我1996年從美國雪城大學諮商教育碩士畢業回台灣成為心理師開始，主要工作領域就是性教育與性諮商。

　　許多人會好奇我怎麼走上這個領域？是什麼支持我走這麼久？

　　好奇的人心中沒說出的話是：「你一個女人，在1998年的台灣，那是一個對於性非常保守與資訊缺乏的年代。而性是個相較於親子、婚姻、家庭關係來說，相對危險的題目，因為對於性的道德批判與價值觀爭議至今從來沒有停止過，

你如何能堅持？」

　　我曾寫過〈邁向性諮商師之路〉[註1]的文章或在演講時用很多方式回答過這一個問題，無論是在美國求學時的體驗、上課的震撼、我個人的發展、或是對於心理專業的希望。但，今天除了性諮商之外，是跟親職性教育有關的課程，我想從「銘印」的概念來說明。

　　如果各位查一下維基百科，「銘印是一種特殊的學習行為，對於特定刺激訊息的學習過程發生的次數很少，甚至僅需要發生一次，就會對動物個體產生終生的行為影響」，銘印是德國行為學家海茵羅特發現，被另一位行為學家勞倫茲命名，銘印是認媽媽的過程，在勞倫茲的研究中，人工孵育的灰雁在出生的幾個小時內如果是被人類照顧不是母雁，自此之後他們就緊跟在工作人員的腳邊，彷彿認其為母。這種心理狀態它發生在特定的發展階段，只要一次的刺激就會不斷追尋。

　　如果你有機會聽過無論是性醫學醫師、性社會學家、性教育家、性諮商師的演講，或是有機會問問他們到現在的堅持，多半他們都會談起那個20—30甚至40年前在歐美學習「性」相關學科的重要經驗，那個學習過程印象之深刻的，他們講起來猶如昨日。

　　我也是一樣。

註1：文章參考
荷光網站（www.beone.tw）＞諮商專欄 ＞性諮商專業訓練專欄 ＞走近|呂嘉惠的生命故事之成為性諮商師

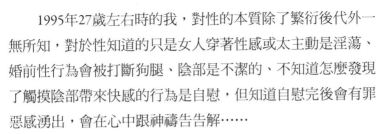

　　1995年27歲左右時的我，對性的本質除了繁衍後代外一無所知，對於性知道的只是女人穿著性感或太主動是淫蕩、婚前性行為會被打斷狗腿、陰部是不潔的、不知道怎麼發現了觸摸陰部帶來快感的行為是自慰，但知道自慰完後會有罪惡感湧出，會在心中跟神禱告告解……

　　這樣的我誤打誤撞的上了性議題諮商的課，那一堂課，教授邀請他治療的個案到課堂上現身說法分享了他們的經歷。在過程中，那些陰暗讓人不能說出口的事、罪惡的感受、羞愧的慾望、污穢的烙印、深怕被社會價值觀批判評價的恐懼、早已認為自己是被家人拋棄不被接納認可的人……。而他們都在被治療的過程中療癒、接納而成為自己、重新定義自己、並活出新的人生，這樣的精神深深的感動我！

　　我記得當時我在筆記本上寫下「性是人類最後的框架，如果能修通性，人生應該沒有什麼不能修通的」。

　　現在回頭去想，那堂課讓我的性自我[註2]誕生了，它在我身上起到了非常巨大的銘印作用，唯獨，我認的母親不是一個人，而是一種精神狀態，那不斷的往自己內在深處走去，無論低俗、神聖、污穢或美醜，在歷程中修煉找回完整自己。

註2：每個人都有性自我。在胚胎形成之前，人就已經與「性」息息相關。在每個重要的人生階段，總會有著相對應的「性發展階段」，從認識個人的性與身體、形成個人性價值觀、發展性別／性傾向認同、到進入親密關係中的性愛……每個課題都足以撼動生命，也深深地影響著一個人的自尊和自我價值感。（截自荷光網頁）

在我修習這堂課的歷程中，當中有個重要的轉折經歷，至今回想，我非常感謝生命的安排。

那堂課老師布置的作業中，每週要寫內省／自覺／反思紀錄，我記得我最後一份報告得到的是B⁻（通常反思紀錄是非常個人化的書寫，教授通常都會給A或A⁺予以鼓勵）。而那份報告，是我書寫了我回憶起兒時與鄰居玩的時候，發生了身體探索、撫觸等相關事件，那個經驗在修課的時候，頭一次很清晰且完整的浮現在眼前，當時我感到羞愧、困惑、憤怒、無法接納自己，我將這樣的發現與狀態寫在反思紀錄上。我記得當時教授的評語是「你應該接受發生在自己身上的事，不需要感覺羞愧，……所以給B⁻」。

這件事給我很大的震撼，我頓時明白，教授說的是對的，我應該接受自己！

是的，我未來會接受自己，當我度過了我不接受自己後，同時，如果能找到能滋養我的環境與可以涵容我的人，我會體驗也會學習接受自己、原諒自己、還原自己。但，我無法用腦子認知的接受自己，無法用腦子原諒自己，我的腦子帶著那個時代我身上經歷的華人文化的性價值觀點，我無法斷然拋下。

當時，我也同時在接受諮商，我也跟我的心理師（美國籍）說了兒時的經驗，他直接指出這是一個被性騷擾的經驗。原本我對兒時的經驗的羞愧是自己對於性的好奇，他這樣說，並沒有讓我如釋重負覺得是別人的錯，反而讓我更責怪自己，覺得是我對性的好奇導致被騷擾。

我的困惑並沒有因這樣的定義得到緩解，更甚於此，當時的我沒有能力釐清自己的感受，在掀開塵封的經驗時，更沒有能力抵擋，華人文化價值觀早已刻在我腦中的那些對於女人、對於性的評價，而對於新文化中理當應該對我有幫助的新的觀點「接納自己」、「不是我的錯」，在20年前的我也沒有能力品嘗它應該滋養我、讓我有力量的滋味，相反的，我承受著另外一個價值觀對自己的期待，在心中評價著自己的無能與無能為力。

　　我逐漸陷入憂鬱的狀態，在這狀態中腦子自動化的連結上許多人生中無助的經驗，我陷入對生命無能為力的痛苦。

　　因為痛苦，也覺得越諮商越痛苦、越覺得羞愧無力，我覺得這樣下去不是辦法，應該會憂鬱症發作。我只好每天都去湖邊散步，甚至很長的時間待在大自然中，將陷入痛苦的思緒轉移到觀察大自然的美與花開花落、萬物生長的變化、去感覺風、雨、水的輕撫、陽光與溫度的變化。我慢慢地感覺到自己與自己的感覺，我開始可以重新思考發生在我身上的事。那時，我並沒有得到任何結論，只是明白在大自然中，我是被愛的、是存在的。

　　我其實很感謝生命的安排，因為大家可以想像1993年，留學並不是容易的事，對歐美先進國家難免有崇拜孺慕之情，這兩位權威沒有幫助到我，讓我淬煉出在性上面最重要是尊重自己的感覺，只有自己能詮釋自己的經驗，而這是復原的第一步驟。

　　意思是，不同的專業人員因著他自己的狀況會用他自己

的角度分析我的經驗，然而性的心理狀態是很複雜的，除了性的教育性知識、性技巧、人格狀態、家庭性教育、社會文化性價值觀、交織出每個人很獨特的經驗與樣貌。性無法被教導該怎麼感覺、要怎麼做、也無法被自己以外的人定義。

課程是帶我打開性的大門的開始，這個過程中的經歷，喚起了我對自己的好奇，我好奇如果除去社會價值觀教我該怎麼看我自己，我將如何詮釋發生在我身上各種與性相關的經驗。而這個好奇是25年來我持續在性諮商領域深耕的動力，我持續的發現在我擁有不同能力時，同樣的往事，我可以看到完全不同的面向，而我也以這樣的精神，持續的支持相遇的人，在性上面修通，回到自己。

在25年中的歷程中，我原諒了自己，原諒了本能，原諒了曾對本能恐懼的拒絕到甚至於變成對別人的批判，我原諒了我的文化、我的家庭沒有教會我愛自己、愛自己的身體、愛自己的原始、愛自己的情慾、愛自己如自己所是。我學會成為自己的母親／家長。

因此對我來說，性不只是性行為，不只是本能、不只是發生性行為後愉悅與否，不只是如何擁有你想要的性生活與滿足，它不只是一個行為的結果，而是一個人從小到此刻他所經歷的整體展現。

> 穿透性的迷霧～你會發現每個
> 靈魂最深的渴望是被正確聽到
>
> ～～呂嘉惠

荷光性諮商專業訓練中心一隅

性，不只是性

　　以常見先生不跟太太發生性行為的虛擬案例簡單說明整合性性諮商的治療架構的運用。

　　讓我用一張圖讓大家對於性有一個整體的印象，這張圖呈現我25年專業經驗，對於性整體思考建構出來的整合性性諮商架構。對一般大眾來說，這張圖說明著你在性上面經驗到的經歷與對你產生的影響，是因著非常多元素在其中交錯影響的結果。你此刻性生活的狀態，包含著你所處的文化的性價值觀對你的塑造、你的人格狀態、生命中與性有關的經驗對你產生的影響、在發展過程中性知識與性技巧的能力建構的歷程與你身體健康的狀態、生活平衡的程度、甚至於靈性層面的發展。對於專業人士來說，這張圖說明著無論是親職性教育進行的原則、兒童青少年性發展建構的重點、個人性議題處遇的技術、伴侶性困擾諮商的核心概念，性教育與性諮商專業人員需要謹記在心，性絕對不只是「性」而已。

　　讓我們從上到下一起看一下這圖。

　　性教育師～教授性知識，性知識包含性生理發展知識、性心理發展知識、性慾望發展知識、各階段性教育知識等等。

性行為樣貌整體描繪
性教育師=性生理/心理、性社會文化價值觀知識教授
性教練=性技巧、性重建操作手法、量身打造的能力
增進步驟與策略

性行為能力整體評估
個人性發展的整體展現
性諮商=性歷史訪談、性心理動力、伴侶諮商

性/人格能力結構
深度性諮商=以性諮商出發的性教練處遇

國家政策、社會文化、潛文化
生態諮商=政策倡議、教育宣導
系統介入策略

身體　　靈性信仰

生活平衡

呂嘉惠能力建構整合性性諮商架構

　　性教練量身打造性技巧教學設計～性技巧包含性溝通技巧（與不同對象溝通性的技巧）、創造安全的談性氛圍的能力、情慾流動人際互動技巧與界線設定技巧、性行為技巧、復甦感官技巧，這是可以讓性可以離開A片影響的方法。

　　性諮商師專長性心理狀態處理～協助個案在目前的困境中，以性歷史的整理，處理過去經歷的影響。

　　資深性諮商師、伴侶性諮商師～處理的是以上狀態交錯出的個人困擾、關係議題，深度療癒性社會文化對個體造成的影響。

在圖形越下層的專業，必須具備上層所有的能力，才能達成治療的深度。意思是性諮商是以心理師的專業匯聚性教育師、性教練、性諮商師三種角色的專業工作，處理性心理、性生理、性社會文化價值觀、性技術所交錯影響的身體、心理、靈性與個人或伴侶關係呈現的性行為狀態。

也常有人問我，性，有什麼難的，不是每個人都在做的嗎？為何需要特別的訓練？

讓我用一個例子說明一下，

我的工作常需要接受到從其他性方面專家或性教育或心理工作者所轉介來的個案，或是已經找過很多專家而覺得無法幫助到自己甚至受傷的個案，而大部分的時候，那些專家並不知道自己沒有幫助到來訪者，甚至造成個案更多的困擾。

典型案例：伴侶間低性慾伴侶治療模式

A先生A太太戀愛一年結婚4年，性行為從婚後逐漸遞減，先生總以工作累為由拒絕太太，這一年幾乎半年才一次，還都是要A太太不斷暗示甚至抱怨，A先生才勉強上陣。

一個月前，A太太幾次發現A先生夜裡都趁A太太睡了後爬起來看A片，A太太很受挫，發現A先生寧願看A片也不跟他做愛。

A先生之前有過兩任女友，A先生是A太太的初戀，你猜想看看A先生不跟A太太做愛可能的原因？

　　以下是每次我演講時，問現場的參與者，會出現的答案～

- A先生外遇了／是同志
- A先生膩了vs A太太失去吸引力／久了沒新鮮感了
- （A太太在床上像死魚）A太太性技巧不好，或是太保守了，無法吸引住A先生
- A先生性技巧不好被A太太抱怨，有壓力所以對A太太沒性慾
- A太太溝通方式讓A先生有壓力
- 自慰比做愛輕鬆／簡單／容易
- A先生A片成癮
- A先生工作壓力大習慣以自慰紓解壓力
- A夫妻關係出了問題／A先生以此表達不滿
- A先生無法適應婚姻關係
- A先生有特殊性癖好
- A先生性無能～
- A先生家隔音不好，婆婆住隔壁～～常來敲門
- A先生在懷念之前的女友
- A太太太嘮叨了。像A先生的媽媽，讓A先生失去性慾～
- A先生有聖母妓女情節，無法跟心愛的未來要成為自己孩子的母親的女人做愛～

- 女人在家像主婦、床上像蕩婦、出門像貴婦，還要
  會適時撒嬌，能營造情趣更要能掌握男人的胃～才
  會讓男人對你有興趣

依著這些答案，你可以看到，每個人都把自己的經驗壓箱寶拿出來跟大家分享了。大家陷入一個邏輯找到原因就可以藥到病除，我們都想找出原因，想像知道原因就可以找到解決的方法。

比如說A夫妻曾找過其他性專業人員求助，這位專家評估是A先生看A片自慰過多的原因，於是就要求A先生禁絕A片。但當專家提出禁絕A片的建議，也就是認同A太太的看法，認同他們性生活的問題是因為A先生看A片自慰造成的。然而不看A片並無法讓A先生自動產生對妻子的慾望，反而給A太太權力去監督A先生是否偷看A片。這個建議反而造成A夫妻關係中更多的壓力跟緊張，離A先生自發性地對太太產生慾望的目標更遠。

也有專業人員聽A先生說因為A太太技巧不好所以沒興趣，而評估A太太沒有太多性經驗，技巧也不足，就要A太太學習性技巧。然而，這位專業人員不知道的是，如果我們認為A太太缺乏性技巧所以教授性技巧，而不知道A太太心中對於性的價值觀是否能接受，A太太即便學了技巧，也無法自然的施展，而A先生對與妻子做愛沒有慾望的原因沒有真正被理解，面對A太太主動的轉變與學性技巧，也會造成更大的壓力與拒絕。

大家有沒有發現，只要牽涉到心理，問題就變得複雜，而性更是如此。因為性牽涉到整個人身、心、性、靈全人的狀態，因為身體最誠實、慾望是無法被勉強的……

　　性需要整合的理解，抽絲剝繭，一層一層化解、療癒、復原、看到自己的感覺、誠實的面對自己的經歷、放下對對方的期待、接受對方跟自己真實的樣子……

　　大家知道成藥可以緩解症狀，但無法治病嗎？甚至有時會造成副作用。治病的目的是希望健康，大家都知道每一天我們生活的方式、吃的食物、呼吸的空氣、生活的壓力、情緒的狀態都在決定我們是用老本、還是存老本。意思是健康沒有捷徑，除了天賦異稟，大部分的人都需要為自己的身體負起責任，學習飲食的概念、學習正確的運動、養成運動的習慣、學習安頓自己的情緒、學習與壓力共處時的自我照顧找到信任可溝通的專業人員照顧自己……

　　性，也是如此。這是我的治療概念，能力建構取向，協助當事人建立達成其生活期望的能力，困境自然開展，生命自然拓展，找到出路。

　　因此，

　　給予適切的性知識建構鷹架支撐（性教育），

　　建構傾聽與安全的談性氛圍讓當事人還原自己（性心理諮商），

　　學習與自己溝通性、復甦與真誠的面對自己的感受（深度治療），

　　伴侶間練習性溝通的能力（性教練～性溝通技巧），

在有能力溝通之下，重新建構屬於這對伴侶的性行為方式（性教練），

以合作突破評斷、以發現練習接納、以平衡適切的情緒表達取代祕密、以練習新的性行為表達同在（伴侶諮商建構關係）。

第三個部分，以上述的案例說明親職性教育生涯規劃的概念與全人性諮商的內涵。

大家會想，我剛剛舉的例子，伴侶之間的性問題跟今天的主題親職性生涯規劃有什麼關係？你覺得伴侶間性生活不協調對親子性教育會產生影響嗎？

有人會回答我，伴侶夫妻間不談性，無法溝通，那麼面對孩子會更加困難。我演講時問聽眾：「如果發現到孩子看A片，你要怎麼處理，你想跟他談什麼？」很多人的答案是：「叫他爸爸跟他談！」

談性確實是不容易。

談性需要的能力

確實是如此，許多人會問我如何跟孩子談性，我會問他，你跟伴侶談嗎？因為，你最該談性的人是伴侶，所以在學習如何跟孩子談性之前，先問問自己你會跟伴侶談性嗎？

演講時問聽眾這個問題，聽眾多半會曖昧的回答我：「當然會喔！」我問他們：「那你們會在什麼時候談，在哪

裡談？」聽眾往往會曖昧表情與笑聲加重，外加一種大家應該心知肚明的表情回答我：「睡前談囉！當然是在床上，記得要鎖門。」

通常，這樣溝通性的情境，並非性溝通，多半代表著是性暗示與邀約，或是前戲的調情，用意與重點並非溝通彼此在性上面的觀念與想法。

我的建議會是，談性目的是溝通，較適合的談性時機與地點是在不會發生性行為的場所與時間。而「練習談性」是重要的、用書籍或文章作媒介，重點是在過程中討論交換彼此對於性的觀點與想法。而如果你是家長且與伴侶目前沒有建立起「性溝通」的能力與習慣，就非常適合與伴侶共讀親子性教育的書，除了吸收知識，更重要的是～練習創造自在談性的氛圍。性溝通意味著「練習談性」，是跟孩子談性的最基礎準備。

過去經驗造成價值觀及對於自己的影響

有人會認為，伴侶之間的性，會影響到家長對於性的態度與如何面對孩子的性。

確實，在這樣的婚姻經歷中，A太太的苦悶有可能讓他對於性產生負面的情緒或是對A片產生一些既定的印象，可能會不經意的將這樣的觀念傳遞給孩子；A先生可能會不經意的傳遞女人就是愛發脾氣、要求很多等等的觀念傳遞給孩子。比如說，他們心中可能會因著經歷產生男人就是……女

人就是……看A片的人是……他們無法面對自己的性，面對怎麼教孩子就有困難。

我並不是說要性生活美滿才能給孩子好的性教育喔！我在說的是，給孩子進行性教育之前，給自己一點時間與機會先照顧自己對於性的種種過去留下來的影響。

真實的面對生命中的功課，認真的體驗，對孩子都是最好的示範。

關係中隱含的壓力造成伴侶關係中的問題，也造成親子關係問題

也許有人會認為，非自願的無性夫妻，關係中會有一觸即發的壓力，很害怕對方是性暗示，對身體接觸都會停止，無法示範好的親密關係。

確實伴侶關係是家庭的基礎、是孩子依附關係發展的初始，也是人格建構的開端。然而伴侶關係經營本來就不容易，再加上性問題是雪上加霜。

請不要誤會，我並不是在說單親或失和的婚姻無法給孩子好的依附關係。好的依附關係在於，家長盡力照顧自己，學習安撫及安頓自己的情緒，在伴侶關係有壓力與衝突的階段理解孩子的焦慮，能讓孩子知道關係經營不容易，為孩子保證他是被愛的是安全的，但爸媽需要慢慢地找到面對關係困難的方法。嘗試真實的面對孩子，協助孩子理解生活的真相，即便混亂家長都努力不要忘記孩子在經歷的困惑。

這是一個基礎。

親職無盡期，你想跟孩子建立怎樣的關係

或許有人會發現，這對夫妻還沒有小孩呢？想太多了吧？

好的，那我們往前推一點好了，結婚三年沒有孩子想像一下。

你猜猜看，依照一般的狀態，這對夫妻除了本身要面臨難以啟齒的性困擾外，還會接受到怎樣的壓力呢？

是的，被催生。我處理過非常多類似A夫妻的案例，各種A太太位置的女性，在我辦公室泣訴，這個人生經歷對她的傷害。有位A太太跟我說，她婆婆每天拿補藥給她，摸她肚子，看到鄰居妯娌懷孕，就會要她爭氣點，甚至買好嬰兒衣服給她。她說她好想跟婆婆大吼：「有問題的不是我。」，我問她為何忍住沒有說出口，她告訴我，她曾因為被母親逼急時有跟母親說，希望得到母親的理解與支持。「我母親回我的是，是否是我的問題，是否是我不夠溫柔～～」

她告訴我：「……我沒有勇氣跟我婆婆說……」，因為怕聽到更多傷人的話語而她無力反駁，而且她知道有可能反駁起來受傷最大的還是她跟先生的關係。

有人聽到這個故事會說：「老師是那個男人的問題，他都不負責任，不出來面對……」，有個A先生跟我說：

「我知道為難我太太了，但如果我出面說是我不想做，我爸一定會嗆我是不是個男人，天天被我媽餵補藥的就是我了……」

這些都是令人哀傷的二度傷害，家長們的作為對於這對夫妻的困境完全沒有幫助。

現在讓我們停下來想一想。

20年後你的孩子成年，你希望跟他保有怎樣的關係，你希望他面對人生困境時，你是站在哪裡，是他的傷口上，還是支持著他面對他的人生困境？希望你們擁有著夠好的依附關係、能在困境與衝突時仍保持著連結，讓他可以鼓起勇氣告訴你，他的人生跟他原先預期的不一樣，然而他可能也完全不知道發生什麼事，你們會一起經驗與期待或想像不同的失落與情緒，支持他找適合的資源面對自己，關心他在其中的成長勝過於結果（有沒有孩子／離婚），而這一切是發生在你現在可能都難以啟齒的性的主題上面。

是家長的夥伴們，你們覺得你們想要跟孩子擁有這樣的關係嗎？

是助人專業的夥伴們，你們覺得親子擁有這樣的關係是可能發生的嗎？

如果可能，你覺得這樣的關係有可能從小不跟孩子談性，到孩子長大突然就能談了嗎？

日前，我跟一群新認識的朋友見面，有一位夥伴，知道我的工作，很興奮的跟我分享：「你知道嗎？那天，我鼓

起勇氣跟我16歲的兒子談性教育，我跟他說，兒子呀！你長大了，也有交女朋友的自由了，媽媽要你記得，我可不想太早做祖母呀！」這位朋友說著流下眼淚，我很驚訝，因為實在無預警的，我以為觸及什麼傷心事，她一邊擦眼淚一邊說：「我好感動，我能跟我兒子談性，這種感覺真好……」

　　我問她：「那你兒子回答什麼？」她說：「他說嗯～～就跑掉了。」

　　我問她：「那你怎麼回應的呢？」她一面擦著感動眼淚，一面笑著說：「我就在他背後喊他說你這個年紀，這是很自然的，別害臊～」

　　我知道這位母親盡力了，鼓起勇氣做了很大的突破，對於在孩子發展過程中沒有建立跟孩子談性習慣的家長，她傳達了她關心的心意，但，因為沒有談性的能力，只能用她舊有的經驗與被教育的方式來傳遞，而結果也將會是相同的。家長因為不知道還能再做什麼，而想要靠近孩子，卻發現談性真的會引發很多焦慮又超級尷尬，讓人不知所措，而這些難度，讓性除非出問題，否則誰都不想去碰觸這個議題，而孩子也同樣經驗到一樣的感覺，因此親子都會很有默契地避開這個會讓大家都焦慮的主題，接下來就看命運的安排了。

　　但，我們停下來想想看，思索一下你的身邊有沒有可能有任何資源可以運用，能幫你做好更好的準備？讓我們在面對孩子長大，要跟孩子談重要的性行為的抉擇與後果承擔的時候能有更好更幫得上他的忙的方法呢？

也就是說，你覺得家長要達成陪伴孩子性發展的目標需要具備哪些能力呢？

通常聽眾的答案～愛的能力、性教育的能力、改變自己的能力、傾聽孩子的能力、跟孩子建立關係的能力、釐清自己的性價值觀、涵容衝突的能力～～～～大家說的都很對。

每個能力都很重要，但，我認為讓自己成為學習型的家長的態度，是所有能力的基礎。

親職性教育生涯規劃的概念

因此回到今天的正題，「親職性教育生涯規劃」。我用「親職」而不是親子，因為家長這個「職業」，是一個高度專業工作，在孩子長大到成人的這18年中，沒有停滯的階段，每個階段都在快速轉變，家長因應著孩子的變化與面對的狀況需要不斷的學習新的能力，因此家長是一個需要不斷繼續教育／進修的工作。

而讓自己跟著孩子的成長不斷地學習，這樣的態度與行動，是學習型家長的基礎。

親職「性教育」，其實我很不想用性教育，我比較想用「性溝通」，我不想用「教育」而想要用「溝通」這兩個字的原因，是因為我希望避免大家對於傳統教育講授指導的印象，而更多在關係中重要的是聽見彼此的想法。溝通是有

關係存在、有空間的、有交流的。

　　「生涯規劃」，指的是在高度專業的學習型家長這個的職業中，如果我們不想成為灌輸者的角色，我們需要逐步的學習成為傾聽、分享、陪伴、支持、連結者，然而要做到以上，在性上面，並不是你想，就能做到，千萬不要忽略你身上被社會文化價值觀刻下的許多對性的價值觀點。也就是說A先生A太太的爸媽，他們也是出自對孩子的愛與關心，只是沒有能力覺察這樣的愛造成的影響與傷害。

　　因此，學習型的家長，隨著孩子的發展做出生涯規劃，一步一步建構能力，你理想中的親子關係可以逐步的達成。

　　從愛出發。0—6歲孩子性發展的萌芽期，是親職性教育能力建構的暖身期～孩子牙牙學語、會以純真可愛的態度詢問你各式各樣對於身體與性的好奇的問題，或是直接做出各式各樣體驗這些好奇的行為，這階段足以觸發家長對於性的焦慮卻又最不具威脅性，因為離性行為還很遠。在這個階段非常適合拿來做親職性教育的「暖身」。家長開始關心孩子的性發展、搜集相關書籍與資訊平台、找到信任的資源，以上述的材料開啟伴侶（或同樣關心孩子性發展議題的人）間練習談性的鍛鍊機會，練習創造放鬆的談性氛圍，逐步實踐在與孩子的關係當中，這個過程是非常重要的基礎能力建構。

　　愛的鍛鍊。6—11歲孩子性發展的懵懂期，是親職性教育能力與知識的儲備期～這個階段孩子似懂非懂，但對於身

體與性知識與做法的好奇更加靠近性的本身。性好奇會以更明顯的性嬉戲、性語言等方式呈現，這是一個非常好的階段，藉由暖身期的基礎，家長儲備進入青春期前的身體變化、心理變化相關性知識的準備、也需要準備面對孩子慢慢開始重視外表身材、與學習在同儕間的互相影響與自尊維持的平衡，家長也需準備面對孩子即將進入網路世界，性與色情的影響該如何面對……等等。這些孩子即將面對的生命歷程，家長除了儲備相關知識，更需思考自己的性價值觀點，與練習如何回應更貼近性的提問的能力，與孩子一起做好進入青春期的準備。

愛的設限。11—16歲孩子性發展的青春期／摸索期～親職性教育的面對價值觀衝擊的設限與涵容的關鍵期～這個階段孩子會面對身體意象、吸引力、性好奇、自慰、色情媒體的使用，從摸索到更進階的探索，都是有可能發生的。親子間會面臨，家長對孩子的期待與孩子正在經歷的人生有落差，在落差中產生的情緒很容易會轉成價值觀的評斷與對錯的判斷。這個階段孩子在學習掌握自己教養中需要家長的設限，親子間很容易產生的衝突，彼此在情緒中，家長需要更多的資源支持他能照顧自己、建構能力與拓展視野來涵容這個衝撞的歷程。

愛與放手。16歲以上青年期孩子性發展的體驗期——孩子正式踏入性世界的起始，戀愛時的自尊、失戀時的情緒歷程、性的邀約與界線與實踐、性偏好、與性別與性慾取向的認同及與性直接相關的議題浮現，這個發展階段家長需要

逐漸學習放手陪伴的能力，相信自己前期陪伴孩子成長的能力與努力，在彼此的關係中建構了信任的力量，在孩子的生命經歷中，你的任務從教養轉變成有力量的陪伴，從設限與涵容轉變成傾聽、關注、激盪分享、跟孩子一起尋找適合他性發展的資源、支持他成為自己。

愛的傳承。成年期的孩子家長終於卸下父母角色從親子變成朋友。成年人面對性的喜悅與困擾，從親子要變成尊重界線與陪伴彼此朋友關係，適度的分享與陪伴，同喜共悲，一起在生命中學習與參透。

以上是我課程設計的概念，也提出了我關於家長角色任務的思考，它是一個可參考的方向，但並不是需達成目標。生命沒有標準化的歷程，但我知道的是，你認真的學習，示範給孩子的是真誠的面對自己，不斷的在人生中運用資源學習，孩子的性發展在你的陪伴、傾聽前進著，當價值觀衝突時，你們仍努力溝通，遇到困境認真的面對，從其中學習成長。孩子成年後你們的關係的轉變從親子到朋友。成人們在性上面會有的困惑或需要資訊時，當然大部分的時候或許我們更願意跟閨蜜哥兒們分享討論，但你知道你願意、也知道你的孩子如果需要你，他知道你會站在他身邊，你們也可輕鬆的對話，一起面對人生的風景。

一生的性教育，是對於關係、生命、自我持續發現與學習的概念，將會是你送給孩子最好的禮物。也會是你送給自己最好的禮物。

性教育的主角是家長

孩子在關係中體驗性教育

性和愛

是朋友、敵人還是陌生人？

如果它們彼此相依

該是手足、親子還是情人？

或像太陽月亮輪流升起？

照亮大地

　　大家好。我很好奇第一堂課結束，各位的思考與感受或發現？

　　有些人可能會發現，針對心中焦慮的問題沒有獲得立即的解答。

　　是的，希望大家慢慢習慣我的上課方式，因為對我來說立即的解答對你沒有幫助，我已經用成藥作為比喻了，立即的解答會讓人習慣急切的行事。但，對於人的事，從沒有簡單的解決方法。有些人也可能覺得內容比較偏成人；是的，因為主題是「親職性教育生涯規劃」，基本上我假設家長都是「成人」。

　　也就是這個主題的主角與主體是「成人」，也就是「你」這個人，是「你」，你這個人成為你孩子的家長，主角是「你」，不是孩子，這是大家往往放錯重點的地方，當我們把目光放在孩子的行為上，或是把焦點放在怎麼處理時，往往會發現其實一直在創造問題的是成人……

剪髮椅上的男孩

　　我來舉個例子，這是一個我在過年前理髮廳裡面觀察到的一個情境。爸爸與媽媽看起來約莫大概35歲左右，帶著看起來三歲多的兒子，跟奶奶一起去美髮院剪頭髮，我剛進去的時候爸爸媽媽都坐在美髮院的椅子上，爸爸先剪髮、媽媽在護髮，孩子抱著媽媽的腳，我聽到爸媽輪流跟孩子說，等一下爸爸剪完就換你剪了唷。

我心想，真不錯，這對家長很有概念，懂得幫助孩子為理髮作心理準備。因為剪髮對小孩來說要坐著不動、不能玩、又要忍受有不喜歡的布蓋在身上、還有剪刀在頭旁邊移動實在是壓力很大，有時需要很多準備才能讓剪髮順利一點，這是很自然的事。

　　而這個時候我聽到孩子焦慮的重複說：「不要，我不要剪」，而且緊抱著媽媽的腳，顯然是希望媽媽安撫。媽媽說：「剪頭髮有什麼呢？爸爸不是在剪嗎？爸爸剪完就換你剪……」

　　媽媽的回應顯然沒有安撫到孩子，孩子越來越有情緒的聲音不斷的說：「不要～不要～不要，我不要！」

　　「剪帥帥爸爸媽媽才喜歡喔！才可愛，過年才會有紅包喔！」孩子還是緊抱著媽媽的腳說不要。

　　就在這個狀況下，奶奶突然想到要給孩子吃藥，於是大聲跟孩子說：「你過來，吃藥藥時間到了！」孩子開始放聲大哭說：「不要～」媽媽說：「你有事嗎？沒事哭什麼快去吃藥」一面配合著奶奶把孩子從腿上拉開。

　　孩子開始越哭越大聲。媽媽不斷重複問他：「你有事嗎？你有事嗎？沒事！沒事幹嘛哭呢！就吃藥而已。」

　　奶奶很用力的把他抱到沙發上面去，孩子仍然抗拒掙扎，奶奶就用手把孩子固定住，然後灌他吃藥，孩子一面說不要一面大哭，奶奶說：「你這孩子，真愛哭，羞羞臉，大家都在笑你了，男孩子家，快，吃完藥，奶奶給你糖吃。」吃完藥，奶奶掏出一顆糖給他。

這時候爸爸剪完頭髮就跟孩子說「你看剪頭髮沒有什麼呀！那爸爸去上班嘍！」

孩子一邊吃糖、一邊啜泣的說「不要，我不要剪！」

理髮師走過來給他一包零食說：「來你吃完餅乾就要剪頭髮喔！你答應我的哦！」

孩子開始吃零食，理髮師就去拿了個小板凳，就是在理髮院放在大人椅子上的小板凳讓小孩坐的，然後理髮師就跟他說：「好囉現在我都已經準備好了，你也吃我的餅乾了囉！就換你要剪了。」

孩子又開始哭，然後衝去抱住她媽媽的腳說：「我不要剪、不要剪。」媽媽跟他說：「你吃人家餅乾、你答應過人家、你一定要剪！」於是就把他往奶奶的方向推離自己的腳，那奶奶就去把孩子抱起來推到椅子上面。這個時候孩子開始驚聲尖叫說：「我不要！我不要！我不要！」

奶奶壓住他跟媽媽一起說：「你吃人家的東西、你答應人家、你就是要剪！」後來因為他實在哭得太厲害，媽媽就拿起平板電腦請奶奶給他。孩子雖然還是哭著，但至少不再扭動安靜了下來，但仍然小聲又啜泣的說：「不要、我不要剪……」

從這個時候開始，媽媽跟奶奶就不斷重複：「你有事嗎？你有事嗎？你沒事幹嘛哭？你沒事幹嘛哭？你就是愛哭鬼，你真的超愛哭的。」也轉過來跟美髮師聊天，「他就是超愛哭的，別理他，哭完就好了！就是吵著要糖吃啦跟玩平板，真拿他沒辦法。」彷彿這孩子完全不存在。

剪完後孩子拿著平板坐在沙發上等媽媽。奶奶跟媽媽問他：「你看有沒有事？沒事、沒事你剛剛幹嘛哭成這樣？羞羞臉！」

孩子就沒回應顯然被平板上面播放的內容吸引著，這個時候他奶奶坐到他旁邊說：「你有沒有愛奶奶啊！你有沒有想奶奶？」

孩子是完全沒有回應看著平板，奶奶連問了五次沒有得到孩子回應，奶奶跟孩子說：「你都不理我，我要把你的電腦收起來喔！」然後就假裝要收平板電腦，奶奶再問孩子說「你有想奶奶嗎？你有愛奶奶嗎？」這時孩子才兩眼沒有茫然的看著前方說：「有、有……」

不知道大家聽我描述完這個場景的感受是什麼？

我給大家一點點時間想一想，你覺得這個例子跟性教育有關嗎？家長跟主要照顧者對孩子進行了怎樣的性教育呢？對孩子的影響又是什麼呢？

白沙灘上的性教育

讓我再講另外一個故事，每年冬天我都會到台灣南部恆春的白砂安靜一個月，白砂是一個很安靜、沒有太多旅客的海灣，沙子十分細白乾淨、夕陽非常的美。我最喜歡做的就是在沙灘上租一把海灘傘，戴著墨鏡坐在椅子上，看著海發呆，同時觀察～旅客與朋友一起玩水、自拍的模樣、想把

自己最美的一面拍出來，歐、美、非洲、亞洲、華人都有不同的呈現方式，在旁邊觀察是十分的有趣。

那一天，我看到一組看起來是自由行的華人旅客，有4位女士，其中一個女士是跟先生一起來的，帶著一個看起來年紀約五歲大的小男孩，女士們在我旁邊租了一把海灘傘，喝椰子水聊天，爸爸就帶著小男孩衝到海裡面去玩水，小男孩玩得全身濕濕的跑到陽傘裡面找媽媽，給媽媽看他撿到的貝殼，媽媽說：「寶貝你全身都濕了，不要再下去玩了，在沙灘上玩就好了，曬曬太陽，讓衣服乾。」

於是這個孩子就在這四位女士腳邊開始堆沙堡，媽媽跟三位女士聊得很開心，突然發現孩子全身不是濕而已，還都沾滿了沙子，「哎呀你全身都是沙子，這樣等等怎麼上車呢！把牛仔褲脫下來，媽媽去幫你洗一下。」

媽媽幫助孩子脫下牛仔褲，拿到海邊用海水沖洗，孩子身上穿著藍色的T恤跟內褲，繼續玩沙。

媽媽回來時候發現孩子沒有停止玩沙，他的內褲跟他的T恤，又沾滿沙子，媽媽生氣了，說：「叫你不要玩，你還玩沙，你這樣子髒兮兮的，我又沒有給你帶備用的衣服，那要怎麼辦。」

就叫孩子立刻把上身的衣服也脫下來，孩子脫到只剩下內褲，媽媽說：「你內褲脫下來吧！我一起拿去洗了！」

這個孩子看來是不願意，他緊抓著僅剩的一條內褲，媽媽就扯他內褲說：「有什麼關係你弄得這麼髒，還害臊呀！」

小孩抵不過媽媽的堅持，內褲被脫下來，他用他的雙手覆蓋在生殖器官上面，媽媽拿著衣服到海邊去洗……

　　這個時候阿姨們突然發現這個場景很有趣，紛紛拿出手機來拍照，逗孩子說：「把手拿開呀！把手拿開啊！男孩子有什麼關係！別害臊！讓我們看看你的雞雞是大還是小呀！」

　　孩子很尷尬地緊緊的遮住他的生殖器官，站著發呆不動，可以看得出來他很緊張，有種呆掉，不知怎麼應對這個狀況的感覺。這個時候，媽媽洗完衣服回來，阿姨們轉頭跟他媽媽嘻嘻笑的說：「你看，他也會害臊呢！」

　　媽媽就跟阿姨們使了眼色，跟孩子說：「沒關係、沒關係，媽媽幫你。」媽媽拿起他挖沙的鏟子覆蓋在生殖器官的位置，一面說：「媽媽幫你，你手放開，沒關係。」

　　然後媽媽一邊跟其他的阿姨使眼色，突然迅雷不及掩耳的，媽媽把那個勺子打開，然後看阿姨們都拍完照，再把他遮起來。

　　然後這些女士們笑成一片。旁邊站著一個漠然、不知所措、站在他的沙堡上面的光溜溜的五歲小男孩……

　　不知道大家聽我講完第二個場景，心中有什麼感覺？

　　請大家再想想，這跟性教育有關嗎？大人們的玩笑對孩子進行了怎樣的性教育？對孩子會造成怎樣的影響呢？

　　每次我演講的時候，總會有聽眾說：「這沒什麼，大人逗孩子玩而已，老師太緊張了。」

　　多年前，我在美國求學時認識了一個的朋友，她主修幼兒教育，因為很喜歡孩子，回台後開了一所幼兒園，那時我很年輕，遇到很多家長在問幼兒男孩女孩觸摸生殖器官，正常嗎？怎麼處理？

　　我記得很清楚，我去問了那個朋友，有沒有遇過這樣的狀況，怎麼處理？

　　她笑著說，「很簡單啊！我都跟男孩說，你再摸，我就拿剪刀把你剪掉，如果他依然故我，我就拿出真的剪刀來嚇唬他，通常就OK了。」

　　那我問他，那女孩摸呢？

　　她回答，「我就跟他說，你有沒有覺得黏黏的，小心爛掉。」

　　像這樣的經驗，大人認為孩子無知，不會記得，只是好玩或用恐嚇、威脅、利用、哄騙、交換的方式逗孩子、或操弄孩子，希望孩子聽話順從，這種例子在日常生活中不勝枚舉。大人、家長不知道的是，這樣的手法與心理動力，也是加害者最常對孩子使用的方法，「如果你不……跟我走、或是做我想要你做的事，我就跟你媽說、跟你爸說、跟警察說你……，你如果聽話，我就給你糖吃，如果你滿足我……我就帶你去哪裡玩」。

　　許多人會告訴我說沒有那麼嚴重吧！這些只是好玩，偶爾一次沒有什麼嚴重的吧！把他跟壞人相比有點恐嚇。

親子關係是性教育的基礎

　　我理解想要告訴我「這沒什麼，不用太在意，只是逗著小孩玩」的成人，除了他自己也是這樣被對待大的，也對他的爸媽曾對待他的方式無能為力，只能學習不在乎外，更多的是，親子關係不是件容易的事，有時候很希望把事情簡化，把性教育獨立成一個可以簡單由老師教一教就解決、就對家長有交代的事，大家應該發現，孩子在肚子裡面很累，但生出來更煩，要學的事更多……

　　而相信我，這絕對不會是偶然發生的逗孩子事件，這時候必須要問你的是，你想要什麼樣的親子關係？

　　你習慣／家長的權力大於孩子的權力，還是你希望的親子關係是能夠讓孩子長出一個好的人格狀態？

　　如果是後者，我不相信你有辦法做出一次剛剛上述那樣的行為，而覺得理所當然。

　　如果是前者，那麼我相信這個不是偶然，它是在你生活當中天天在發生的事情，只是你沒有覺察。因為我知道這才是一切的根本，性教育、如同品格教育、或者是孩子的學習成就教育等等，這些我們想要給孩子更好的東西之前，它最重要的基礎是家長跟孩子的依附關係，有好的依附關係我們再談性教育才是有意義的，如果沒有好的依附關係，那麼教與不教都會造成傷害。

　　所以我重視的是以依附關係為主體的性教育，親職性教育生涯規劃就是以這樣的概念為基礎推展的。

┌─ **想想時間** ─────────────┐
· 親職教育／性教育第一步思考自己的教養哲學
  與性教育哲學
· 你的教養哲學是……
· 你想要給孩子怎樣的親子教育
· 你希望跟孩子未來的關係的樣貌是
· 你有花時間學習新的教養方法嗎？
· 還是沿用你父母給的教育～你覺得他們教育的
  哲學與方法是什麼？
· 對你的幫助與你覺得你成為家長後可以改變的
  是？
· 你為何要給孩子性教育呢？
· 你覺得在給孩子的性教育上，以不同發展階
  段，要教孩子的重點是什麼呢？
└────────────────────────┘

　　我常常在想大家想要學如何跟孩子談性，想要給孩子
一個好的性教育，各位家長到底想要給孩子的是什麼呢？

　　許多家長一直會要求在性教育課程當中，要加重如何
防止性侵害的比例。

　　家長們彷彿把性教育的重點放在防止性侵害。

然而，家長不知道的是防性侵除了教導隱私部位不能被碰觸外，有更重要的方法，重點不是「防」而是「愛」。

　　讓孩子能夠尊重自己的感覺、愛自己的身體、愛自己的性別、愛他自己這一個人，且知道有人（最好是家長）會愛他，有人會放下權威放下面子去傾聽他的感覺、在意他的感受，協助他理解自己的感受，願意跟他協商討論，並找到針對他的感受所可以執行的人際應對的方法，是讓他有信心在這個混亂、什麼事都有可能會發生的世界上，知道他無論經過了什麼他都是被愛的。

　　要依靠的是家長、或是主要照顧者或是替代性父母去示範讓孩子體驗，也就是，只有家長／主要照顧者，愛他、在意他的感受、協助他理解自己的感受，並找到針對他感受所可以執行的人際應對的方法，就能教會孩子尊重自己的感覺、愛自己的身體、愛自己的性別、愛他自己這一個人。

　　你說，這不是性教育，是親子教育。我想讓你理解的是，性教育從來不該是一個獨立出來的主題，他從來不是教生理知識、人際界線、防止性侵而已，他是奠基在好的依附關係之上，讓一個人了解自己、愛自己、身體、心理、性別，在其中學習理解慾望、性的界線與人際互動的一個歷程。

　　性教育是全人教育。也是一生的教育。

我們想給孩子什麼樣的性教育

　　我們回來看看剛剛的兩個例子，我想大家可以理解，你說這些大人他們不愛這個小孩嗎？

　　我相信他們很愛，可是他們不知道的是，在這過程當中他們對孩子造成的影響。孩子在其中經驗到的是，我的感覺是不重要的、沒有人會在意我的感受、符合別人的期待比自己的感受重要、我說「不」是沒有用的、我拿別人的東西、接受別人的好意我就要符合別人的期待、求助是屈辱、害怕是丟臉的、哭或害羞或不知所措是沒有人會來幫你的……我不像個男人……我是不好的、是有問題的……

　　想要改變這樣的狀況，家長必須學習成為一個能建構好的依附關係的家長的能力，簡單的說就是成為孩子的支持、幫孩子說出情緒，到協助孩子理解自己的情緒且標定情緒，協助孩子協商到學習如何表達自己，讓孩子知道自己是不孤單的，遇到困境時爸媽會協助他度過，這個世界是安全的。

　　你們聽會覺得我很像在呼口號，因為我沒有時間細講這樣的觀念，請參考《不是孩子不乖，是父母不懂！》這本書，這是荷光性諮商專業訓練中心訓練依附關係工作者用的參考書目之一。

　　大家會好奇，為何性諮商專業訓練中心，開設依附關係親職團體的訓練課程呢？

　　因為我工作多年發現，親職性教育如果只做性教育效

用很低，荷光性諮商專業訓練中心能執行親職性諮商的性諮商師都需要經過依附關係親職工作的訓練，因為依附關係才是核心與根本。

我們來整理一下，親職性教育生涯規劃是以家長為主體的概念。

在孩子0─6歲，剛成為家長的你，思考自己的教養哲學是重要的，建議，親職教育的哲學～參考以建構健康依附關係為主體的教育概念。

思考自己的性教育哲學是重要的，建議，在想怎麼教性教育、要教什麼之前，先問問自己在性上面的各種感覺跟想法，釐清自己對於身體、性別、慾望、性的觀點，這些將會在不知不覺中傳遞給孩子。

而要達成以上兩點，建構依附關係為主體的性教育，在孩子0─6歲的時候養成學習型家長的習慣：

1. 取得新的資訊～多方上課／閱讀、尋找資源，找到自己相信的教育與性教育哲學。

2. 建構支持系統／專業的與同儕的，當操作新的教養法或性教育的概念時會有困惑情緒，你需要能支持你成為學習型家長的朋友與專家協助你。

照顧好你自己，就是最好的身教與示範。

因為親職性教育，你才是主角！

從愛出發

0~6歲孩子性發展的萌芽期

我隻身踏進叢林

分不清蟲鳴鳥叫

看不清豺狼虎豹

多少個日晒雨淋　夜黑風高

數了一圈又一圈年輪

走著　跑著

尋覓著

讓心重生的地圖

第三課，讓我從分享撰寫第二課兩個故事的心情開始，上一堂課我跟各位分享的兩個情境，一個是在美髮院，另外一個是我在恆春沙灘上目睹的現場。這兩個情景可以分析的地方太多了，但我並沒有對整個故事做太多的分析或者是評論，比較多是使用這兩個故事來引發大家的思考。

這兩個故事都是好幾個月以前我所看到的現場，也好久沒再想起。在架構講稿時，突然這兩個場景清晰出現在我眼前。當我將這兩個場景描繪出來的時候，我具體地感受到心臟位置極不舒服。因為沒有辦法清楚的標示那些情緒，所以我用一個不舒服與痛苦的能量來稱呼那不知名、卻非常清晰的感受，而這個感受影響著我整個人的狀況。

事實上我是驚訝的，因為我萬萬沒想到，這兩個家庭並不是我的個案，而我是非常置身事外、只是當路人看過的經驗，卻在我心中留下這麼深的印象跟影響。

先療癒家長的傷

我很好奇，你看完第二課之後經歷了什麼呢？是聽了一堂課，聽完就放下？還是聽完這兩個故事，覺得對於這兩對父母感覺到不了解而評價？還是在這段時間，開始會多一些覺察，這個覺察的狀態呈現的方式可能是對一些在日常生活當中以前是習以為常、不經意、不入心的場景，開始有一些感覺……不再覺得理所當然？或是想到這個故事覺得不可

思議，而認為自己絕對不會這樣對自己的小孩？或是開始回想自己的童年而感謝父母在你小的時候很真誠的對待你，若是如此，請立刻打電話或找到你的主要照顧者抱著他，感謝他，這是很幸福的感受！

如果你開始發現那些以前習以為常的情景、人際互動，開始引發你不舒服的情緒，這是很正常的。我希望你能夠在這個狀況當中找到照顧自己的方式，不是立刻想排除這些不舒服的感受、想停止它。更多是與這樣的感覺同在，傾聽內在的聲音，也請多跟大自然在一起，最大的療癒力在大自然中。

我成為母親之前，我知道我原生家庭父母親照顧我的方式、養育孩子的方式對我造成的影響。我成為母親之後，我看到我身上遺留著痕跡，即便我已經是心理師，同時對自己抱有遠大的希望，希望自己成為一個夠好的母親、夠好的家長，能給孩子好的依附關係，然而即便我學那麼多，我仍痛苦的發現，那些根深蒂固，在我身上被對待的印記，要覺察、克制著，不在情緒失控的時候、不在孩子不受控制的時候、任性的把自己的傷丟在孩子身上，那是要有多大的覺知、多大的以自己為主體、以安頓自己為唯一重要的事、多大的不斷地學習新的方式、不斷不斷地去參透，才有辦法能夠做到一些改變。

所以如果你聽完我講的那兩個故事，會對這兩個家庭成員生氣或升起批判之心，或許對於這兩個在虛空中的家庭，我的意思是說他不是任何一個人的個案，不是你認識的

人，他帶給我們的是覺醒與啟發，不是批判。

批判的背後在說的是事情有對、有錯，該怎麼做、不該怎麼做，對於人，你們會聽到我反覆的說，對人的事情是複雜的，從沒有簡單的答案。之所以複雜，是因為沒有簡單準則可以簡單地告訴你對錯、該怎麼做，甚至我們可以說事實的真相是～～沒有對錯。

當我靜心完正準備寫這一課的稿子，腦中又浮現了那兩個場景，我開始對於我內在升起的那些難以陳述的感覺，有比較清晰的感受。我知道那個最直接的痛，也是我最容易生氣、批判事情的痛，是因為我們認同的是孩子，認同那孩子的無助、受挫、困惑、對愛的感覺混淆、不知道該相信誰、那種被操弄的感覺深惡痛絕。在認同的過程中，投射出我們身上曾經存在的這些經驗。在兒時我們是困惑，在青少年的時候我們對於似是而非的愛，多了一些對被操弄的理解，痛苦的發現所謂「愛」令人痛苦，我們開始理解自己在其中被「愛與生存」的需求操弄著，開始對加在我們身上類似的動力，開始憤怒、甚至想攻擊，或以放棄自己來宣告不齒。

這些攻擊只是在說，這不是我想要的對待、這不是我想要看到的父母、這不是我想要相信的世界。我聽過多少孩子說出「我並不想被生出」，他們未必在我面前流淚，而我無法不在心裡流淚。

靜心後，我感受到除了認同孩子的痛苦之外，也看見這些父母的正常。以他們身上所經歷的過往，他們的行徑是

正常的，還有他們與孩子所處在的平行狀態。在美髮院的父母或者是奶奶，我可以感受到那一連串對孩子所發出的混淆訊息，來自於他們內在的焦慮，焦躁不安的能量來自於無法控制孩子的不知所措，反映出成為家長的無助與無能為力。

成人面對這麼小的一個孩子，他在各方面的力量都無法超過你，只有一個最原始的就是情緒的能量，你卻無法理解他、安撫他、與他合作。這些父母所經驗到的是失控，失控刺激出的是無助與無能。

這個是一個平行的狀態。也就是孩子對於理髮現場的狀況焦慮、與不明白為何媽媽奶奶不理解自己、不愛自己，求助無門而失控。家長對於孩子情緒狀態的焦慮、與不明白各種方式都嘗試過，孩子為何不願意被安撫，經歷身為家長的無助感，覺得被孩子拒絕而失控。

當我們評判對錯的時候，就輕忽了成為父母這個角色的難度，與需要的決心與毅力。如果我們輕忽了成為家長的困難時，就在所有家長身上放上過大的期待與過多的壓力，而這更會刺激出家長那些無助、無能、不知所措的位置，而在這個位置中，我們引發的是焦躁與想掌控的情緒，想要感覺自己是有能力的情緒，這情緒無法讓你更有效能，也無法讓心理諮商產生療效。

重新成為自己的父母

如果你是家長，請原諒自己的無能為力，為自己積極

許個願療癒自己。只有療癒自己內在孩童的傷,才可能真正看見別人的傷、看見我們在對孩子做什麼,在成為家長的同時也重新成為自己的父母,只有感受到對自己的愛,才能面對孩子給出愛。

如果你是助人工作者,請寫下第一個重點,認真看待成長歷程中的自己,處理你內在被對待的經驗,原諒你的父母,讓你可以涵容無助家長的挫折,支撐他們的焦慮,在他們的焦慮中穩定他們,陪伴他們療癒內在那個不知所措又沒有任何方法的孩子。

想想時間

第一堂課請大家想想自己的教育哲學與性教育哲學,不知大家有機會想想嗎?因為哲學信念是你行為的指導方針,思考哲學是讓我們從怎麼「做」,拉高視野問自己,我從何而來以至於我成為現在的樣子?這是我所喜歡的嗎?而這是我想繼續傳遞給孩子的嗎?如果不是,我如何增進能力改變?如果是,為什麼我相信?

人格脊椎與能力建構取向

前兩堂課,你們一直聽到我說,讓孩子能夠尊重自己的感覺、愛自己的身體、愛自己的性別、愛他自己這一個

人，且知道有人會愛他，有人會放下權威放下面子去傾聽他的感覺、在意他的感受，協助他理解自己的感受，願意跟他協商討論，並找到針對他的感受所可以執行的人際應對的方法，是讓他有信心且在這個混亂什麼事都有可能會發生的世界上，知道他無論經過了什麼他都是被愛的。這個簡單可操作的概念我希望深植你心中，因為這是我們修復人格脊椎幾個重要的步驟。

　　以依附關係為主體的性教育也就是說發生在生命上中的每件事都是用來修復我們的人格脊椎。關於人格，各大心理諮商或治療學派都有深度的研究。人格脊椎是我融合各學派理論發展出的概念與能力建構取向的治療原則。

　　而人格脊椎的意思是，我們用手摸得到的脊椎，支撐著我們的肉身，坐臥行走，而人格就像是摸不到的心理脊椎。雖然摸不到，但這個以人格為塑形的心理脊椎，卻支撐著人如何看待自己與他人，如何與自己與他人建立關係，及如何因應生活中的各種事件。人格脊椎的僵硬或活力，將決定我們遇到生命事件的衝擊時，因應的能力與產生的傷害。人格脊椎的僵硬、固著或是活力、彈性，都將影響著人度過生命旅程的品質。

　　而這個摸不著卻無比重要的人格脊椎，是由五組基礎能力建構。

　　這五組能力是支撐個人在社會上生存的要素，其背後各代表著非常多組能力的培養與鍛鍊：依附能力、情緒能力、人際能力、資源使用（求助）能力、人生哲學。

呂嘉惠人格／性人格脊椎復健的五個能力

1. 依附能力

依附關係建構著人初始的自我概念，及沿著發展的歷程不斷的被形塑。而以這樣的自我概念形成與自己或他人連結的獨特模式。每個人都有其獨特的依附能力，也依此創造出他人生的腳本。

2. 情緒能力

情緒安頓與情緒界線的能力，主導著人在社會中生活，能否分化出彼、此，對方與自己，藉由對照，而能看見

自己是誰的能力。而其中情緒安頓與界線的能力是能邁向分化人我歷程的基礎。

3. 人際能力

人希望在人群中看見自己、安頓情緒、分清彼此，需要建構非常多面向的人際能力，才能確實的實踐。

4. 資源使用（求助）能力

在人的發展與成長歷程中，能力不足以應付目前生命階段或生活事件的挑戰，是很正常的發展歷程，能運用資源幫助自己度過，把資源當成是輔助工具，是很有智慧與力量的展現，而不是示弱。硬撐反而會讓自己的人格脊椎（自尊）無端受傷。

5. 人生哲學

是人格脊椎各組能力的總結。人生哲學與價值觀藉由生命中重要他人與社會價值觀會傳遞給個體，然而，個體有可能信奉不疑且不斷將生命導向同一個結論；也有可能在生命發展歷程的經驗中，因著能力的增長而能重新檢視自己所承襲的人生態度與價值觀，並且將其融合自己在人生中體驗出的智慧，重新整合出自己能安身立命的人生哲學。不論是以上的哪一種，都需要不同的能力，而也將導向不同的人生境遇。

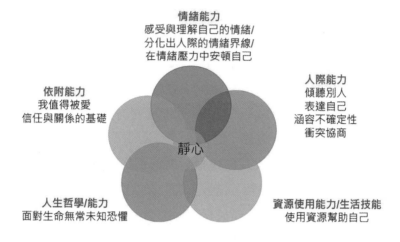

情緒能力
感受與理解自己的情緒/
分化出人際的情緒界線/
在情緒壓力中安頓自己

人際能力
傾聽別人
表達自己
涵容不確定性
衝突協商

依附能力
我值得被愛
信任與關係的基礎

靜心

人生哲學/能力
面對生命無常未知恐懼

資源使用能力/生活技能
使用資源幫助自己

呂嘉惠人格發展評估（心理脊椎骨架）

　　人格／性人格脊椎能力評估過後，依照當事人的期望，評估其需要建構的能力，以生命中的大小事作為量身打造能力鍛鍊的歷程，進行人格脊椎的復健，是我發展出的性諮商能力建構取向治療的核心理念。

　　接下來，大家會在每堂課程中反覆的聽到我以能力建構取向修復人格脊椎概念的理論與執行方法，從個人、到家庭關係、到系統合作的做法。

　　為了幫大家把我之前講課的內容整合起來，依照這樣

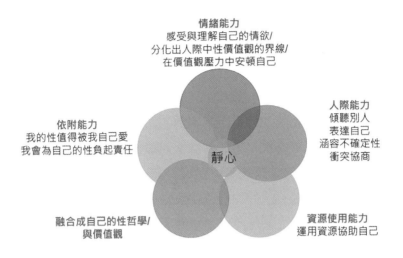

情緒能力
感受與理解自己的情欲/
分化出人際中性價值觀的界線/
在價值觀壓力中安頓自己

人際能力
傾聽別人
表達自己
涵容不確定性
衝突協商

依附能力
我的性值得被我自己愛
我會為自己的性負起責任

靜心

融合成自己的性哲學/
與價值觀

資源使用能力
運用資源協助自己

呂嘉惠性人格發展評估（性心理脊椎骨架）

的概念我來講個例子。荷光性諮商專業訓練中心與許多機構與各級學校都有合作的關係，也在多所幼兒園擔任顧問的角色，這個故事發生在其中一所。這個幼稚園裡的大部分的老師都上過依附關係親子教養的課程，並且也上過幼兒性教育相關的課程，孩子入學前家長都需要參與親職增能課程，園內也會不定期的開設親子相關的講座及性教育的課程提供給家長們持續學習。這個幼兒園招收對象是三到六歲的小孩，且在家中已經做完如廁訓練，也就是不需要包尿布的小孩。

撫觸自己生殖器官的三歲男孩

　　有一天我接到園長的轉介電話，原因是因為一個新入學的三歲的小男生，在學校不停的隔著褲子撫觸他的生殖器官的部位，老師嘗試陪他玩、與他連結想轉移他的注意力，然而孩子的手要離開褲子陰部的位置機會是非常少的。

　　老師敏覺到這個狀況需要家長關注，於是就在家長來接孩子回家的時候，請家長來找我諮商做一個評估，以對孩子有更進一步的了解。老師是很有經驗且受過訓練的老師，也在跟家長談的過程當中，以性發展的知識一般化，來安撫家長對於孩子觸碰生殖器官的焦慮，也就是讓家長理解幼兒會觸碰生殖器官是正常的，但因為陪伴與遊戲無法轉移他，老師認為也有可能是剛進幼兒園，小孩在適應過程中，尚未與師長建立起依附的連結，孩子有可能經歷了某些環境壓力所帶來的焦慮感，撫觸生殖器官有可能是安撫自己的行為。老師請家長不用擔心，並跟家長說明我是心理師也是性諮商師，可以提供家長相關教養議題的諮商。老師並跟家長說明，找我諮商並非代表孩子有問題，而是可以讓家長跟老師能對孩子有更完整的了解，以明白是需要對他進行性教育，還是需要安撫他的其他需求為先。

　　這位家長因為聽過我的演講，也信任老師的安排很快的約時間諮商了。在50分鐘的會談中，我引導家長從四個面向整理自己與對孩子的觀察，大家可以聽聽這四個面向，並且試著依著我之前上課的內容思考我搜集資料的出發點。

第一，她／家人知道這件事情時心裡的狀態，是否受到衝擊？老師的處理說明跟安排她來諮商這個過程她的感受如何？

　　第二，從她／家人被告知這件事到見我之前這段時間、她怎麼看待孩子觸摸生殖器官的這件事？或是是否改變了她跟孩子之間相處的關係跟感覺？

　　第三，這個家庭與孩子的關係基礎的樣貌？

　　第四，這三年以來，這個家庭跟孩子相處的關係狀況如何？是否有什麼變動或是否有她跟孩子之間相處困難的地方或特殊的事件是家長想告訴我的？

　　這位母親告訴我，一開始聽到老師這麼說是有點焦慮，但是因為聽過我的演講，老師也清楚的說明不需要擔心，只是希望有更多資訊可以理解是否除了正常發展外，孩子有其它需求需要被照顧到，希望不要遺漏這個部分。這樣的概念讓她安心也很喜歡，也緩解她覺得孩子有問題的焦慮。她有跟先生說明情況，先生的態度與她相近。他們想先聽了我的評估後再看看需要怎樣合作或如何跟協助照顧孩子的奶奶說明。如果諮商能夠多了解孩子她很願意嘗試。

　　而從老師轉介是禮拜一，到能夠見到我，是禮拜五，這幾天當中她的確會很緊張，每天都會問老師孩子是否在幼兒園還依然故我，老師告訴她，他已經先打過電話給我了，我的建議是不要任意介入，再觀察就好，老師轉達了我的說明，「如果是自然的性發展，加上初入學，確實是需要一段

時間的探索之後，孩子會逐漸將注意力轉移到其他的地方，因為他也在適應一個新的環境，這是很正常的。如果是因為有些需要沒有滿足、沒有被照顧到，而此刻我們並沒有理解孩子，也就無法照顧到孩子需求，孩子行為會繼續也是正常的，我們保持平常心再觀察就好。」老師平穩的回覆讓家長安心很多，雖然焦慮但也能夠感到被支持，她不是一個人在面臨一個有問題的孩子。關於事情發生後到她見我，媽媽告訴我因為老師給她滿好的支持，所以孩子觸摸生殖器官的行為沒有太困擾她，她還是可以依照一般的狀況陪伴孩子，同時也因為孩子在家裡並不會一直觸摸生殖器官，所以她確實是比較容易可以放得下，他們一樣保持著之前的關係狀態。孩子下課之後就接孩子回家一起跟家人準備餐點、洗澡、陪孩子玩、安撫孩子入睡情況都是正常的。

如廁焦慮

但確實有一件事情很困擾她。

因為孩子在兩歲半之前，因為夫妻都要工作，孩子是跟住在附近幾條街之外的奶奶住托奶奶帶，兩夫妻下班就去奶奶家陪孩子，再回自己家睡覺。這是大概的托育安排。

然而，奶奶有潔癖，常常恐嚇孩子如果不洗手細菌會吃進肚子裡面、會讓他生病會死翹翹、出門去公共場所如果不帶口罩、會感染感冒也會死翹翹，跟小朋友玩不趕快洗手、也會死翹翹。以前媽媽不以為意，覺得讓孩子養成洗手

的習慣很好，加上孩子不是她自己帶也沒有特別注意到，兩歲半夫妻兩決定將孩子接回來自己帶也預備讓他入學的時候，發現孩子非常怕髒，常常出門會臨時吵著要洗手，如果他忘了給孩子帶「乾洗手」，孩子就會哭說會死翹翹，媽媽有發現除了在家裡，孩子去外面幾乎無法上廁所，因為他會說廁所很髒、細菌很多會死翹翹，所以除了在家裡面，出門的時候他會堅持要穿尿布、不然他寧願不出門。

而媽媽不理解，覺得孩子明明可以自己上廁所，不需要穿尿布，覺得孩子故意找麻煩，也覺得不應該這樣讓他任性，常常兩人會衝突、孩子就會跟他拗很久，嚴重時候無法安撫而一定要出門，只好讓他穿尿布。有時孩子可以妥協，接受出門，想要上廁所的時候會跟媽媽講，然後媽媽會帶他去把尿布穿起來。

談到這裡，媽媽突然間說，哎呀！會不會是因為孩子不想在幼兒園裡面上廁所啊！

媽媽說原先怕他要去幼稚園都會有分離焦慮，於是一直不斷地給他建設幼兒園多好玩，每天跟小朋友玩、可以吃點心、老師很溫柔會陪他做好多事，但可能是因為沒有真正接受孩子上廁所的焦慮，所以完全忽略這件事。

家長和孩子需要培養哪些能力？

到這裡我形成了一個簡單的評估：

1. 依附能力：媽媽的人格狀態是可以被專業支撐，也就是她能夠依附專業藉由對老師的信任，接受我所提供專業建議安撫。

2. 情緒能力：而在這個等待的過程中，有能力安撫自己的情緒，接受專業的建議，採取適宜的人際互動方式。

3. 人際能力：依著情況採取適宜的人際互動方式，也就是聽從我的建議「在了解原因之前觀察、不介入」，家長可以安頓自己不會被急著解決孩子問題的焦慮淹沒，或為了解決焦慮而給孩子或園方施加壓力。他能相信專業的資源能安著心等待，這對家長來說是很大的修煉。

4. 資源使用（求助）能力：家長能運用我為專業資源，藉由我的協助，保持著覺知與反省的能力，在談話的過程當中逐漸梳理出自己的感覺，也能夠找到不只歸咎是孩子的問題，而能去思考孩子所經驗的困難，嘗試找到能夠協助孩子的方法。

5. 人生哲學：在這個經驗中，家長有能力在適當的協助下將「性是問題」轉變為成長的機會。也就是面對會令家長焦慮的孩子「性問題」，運用專業資源就能學習能力面對。「性」沒有問題，就是成長的一部分而已。

也就是，基本上這個母親她的人格脊椎是健康有彈性的、可以被支撐的，因此我們的工作就是繼續的提升她的自我覺察能力，同時逐漸形成他跟孩子相處的方法，幫助她有能力協助孩子、支撐孩子、在孩子能力還不足夠的時候，也就是以增進她的親職能力與自信，來擴充她的涵容能力。

　　而我們來看看這個孩子他所面臨的困境，這兩年多與媽媽分離的時光，他所接收到的是這個世界很恐怖一不小心細菌就會讓他死翹翹，內在的焦慮是非常的高的，而當他開心的在跟孩子玩的時候，隨時會被奶奶打斷並提醒細菌、傳染病，從人群當中會傳染給他會讓他死翹翹，我們並不清楚這個狀況多嚴重，但可以想像，孩子逐漸形成對世界的焦慮、恐懼，勝過於安全感，因此有困難自在的去探索這個世界。

　　因此，我們可以假設當他進幼兒園的時候，雖然接受了母親不斷地替他做的準備，也就是幼兒園是有趣的、朋友是有趣的。這個部分會喚起每個孩子內在的本能，就是「玩」，沒有顧忌、沒有害怕的去玩。「玩」意味著探索這個世界的動力與熱情，在被成人的焦慮壓力淹沒之前，「玩」是每一個孩子生下來對活著的熱情。

　　我們並不清楚奶奶對他的影響到底多巨大，但是知道在媽媽替他做的入學準備，或許可以喚醒孩子對沒有顧忌的玩與友伴的渴望，而那個渴望是依附在母親的陪伴之下（因為媽媽陪著去看過幼兒園的環境，還有跟他一起讀繪本準備，等等），但內在又會有極深的衝突，當他真的踏進幼兒

園的時候，是他一個人要面對細菌充滿的環境、細菌充滿的朋友、細菌充滿的廁所，他一個人要面對這個情境，即便想相信媽媽的話，但是無法處理奶奶對他造成的影響。而他幾乎沒有可能去訴說他內在的巨大的衝突，抓他的陰莖可能是在憋尿，也可能是在安撫巨大的焦慮、難以承受的情緒。

以孩子所經歷的，我形成一個簡單評估

在與奶奶生活的兩年中，孩子在奶奶的引導下有他與細菌共存的秩序。

1. 依附能力：依附奶奶來面對細菌的威脅。
2. 情緒能力：接受細菌帶來的焦慮，依附奶奶提供的方法安頓自己。
3. 人際能力：依附奶奶的指導考量細菌因素的人際互動。
4. 資源使用（求助）能力：奶奶提醒與乾洗手使用。
5. 人生哲學：細菌無法掌握可能會死掉。

然而，回到爸媽的家與進入幼兒園，對孩子來說經歷了非常大的文化衝突與內在需求的衝擊。原本的秩序，「細菌—死掉」奶奶指引，是非常重要的行為指標，現在完全不適用了。

1. 依附能力受到超過能力可以承受的挑戰：依附對象的變化～奶奶到媽媽到老師。依附環境的變化～從奶奶家到爸媽家到學校。需求的變化～「細菌生病死掉」到「想玩的慾望」。

2. 情緒能力受到超過能力可以承受的挑戰：以上重大
   的變化，造成內在秩序的混亂，媽媽或許安撫了部
   分環境變化的焦慮，但依附對象尚未穩定、需求變
   化的衝擊，所產生的情緒超過孩子能安頓自己的能
   力。或許是幼兒探索身體自然的發展，或許合併發
   展與孩子經驗到撫觸陰莖可以安撫自己的體驗。
   這有可能是他發展出來安撫超過壓力照顧自己的方
   法，也可能是在外面上廁所髒的恐懼，與無法依附
   媽媽或奶奶照顧這個需求，而試著努力掌控自己。
   無論是洗手或是撫觸陰莖或是遠離同儕或是拒絕安
   撫，都是他盡力用他之前與奶奶相處所得來的方法
   照顧自己。

3. 人際能力：因為焦慮度爆表，目前無法評估。

4. 尋求資源（求助）能力受到超過能力可以承受的挑
   戰：因為沒有能力理解自己，非常需要成人依附對
   象協助，照顧他內在的需求，幫助他體驗到有人可
   了解他，幫助他。

5. 人生哲學：以他目前所經驗到的，人生好恐怖，太
   多事情無法掌握。

老師和家長怎麼合作？

在與幼兒園老師與家長的聯合會議上面，我們核對了
這些資訊，老師想了一下，確實發現孩子在幼兒園期間絕對

不會靠近廁所，跟同學互動一下、就得跑去洗手，洗完手就不會再加入與同學的遊戲，多半就是一個人在角落撫摸陰莖，這個時候如果老師靠近，會感覺孩子很緊張不願意接受老師的擁抱、安撫，也不願意讓老師抱著坐在腿上唸故事。

然而這些狀況在家裡面都沒有看到，回到家的時候，媽媽的觀察是接他離開學校他會有一段時間鬧脾氣，常常無來由的哭鬧摔玩具，媽媽一點不順他的心，他就會大吼大叫，媽媽說：「我沒想到那麼多，只想說我聽過演講、看過一些書，孩子離開媽媽太久，再見到媽媽的時候會把媽媽離開這段時間的情緒抒發出來，因為他已經費盡洪荒之力支撐著他自己了」。媽媽說原先她以為就是這樣，所以她會耐著性子、逗孩子、抱孩子、陪孩子玩，孩子的情緒就會被安撫下來，現在她明白，她不在孩子身邊的那一段時間，孩子不只要支撐著自己，還要支撐著那害怕細菌會讓他死翹翹的恐懼，跟要對抗無法放鬆開心無顧忌的玩的壓力。

老師與家長都明白這一些之後，我們開始激盪可以幫助孩子的方法。

目標一：重建依附秩序與能力～以觀念相同的人，以一致的做法，持續的陪伴孩子。

第一個共識，六個月之內盡量主要照顧者是媽媽、爸爸跟幼兒園的老師，也就是了解孩子的人，盡量不要托奶奶單獨照顧，除非爸爸、媽媽在身邊。因此意味著家長可能不能加班等等。有人會提議，是否請奶奶改變作法，跟她溝通

她的潔癖對孩子的影響。我的看法是暫時不用去跟奶奶說，因為潔癖的人是奶奶，她無法理解也無法立刻改變，奶奶的壓力會轉嫁成為孩子的壓力。最常見的情況是，家長去唸奶奶，然後期望奶奶改變，然後還是把孩子托給奶奶。這樣的做法通常家長與奶奶中會有不信任存在，也會使奶奶的壓力轉到與孩子的互動當中，使得關係更為緊張。

　　第二共識，幼兒園的園長會去跟所有有可能跟這個孩子接觸到的老師說明孩子的狀況，並告知我們形成的共識與具體的做法，讓大家用一致的做法陪伴這個孩子。

目標二：建立情緒能力～復健與療癒的目標是尊重自己的感覺、恢復掌控感與安全感，我們的目標是逐步地擴大他的涵容能力

　　然而，如何具體的處理孩子根深蒂固的細菌死翹翹的想法呢？家長說，是不是讓老師安排野外活動或是打掃廁所的活動，帶孩子去亂玩或是去接觸他認為髒的東西，去讓他不要那麼介意髒這件事？顯然媽媽是想要用簡單直接的方法讓孩子習慣髒。我請媽媽跟老師千萬不要這樣做，在孩子心中對於細菌會讓他死翹翹的陰影尚未緩解之前，強迫他去接受那些他無法接受的環境，會讓他感到這個世界是完全無法掌控。

　　目前我們可以看到，孩子他盡可能的一部分遵循他的渴望去跟同學玩，在他受不了他內在的焦慮的時候，他會去洗手，洗手完之後他會照顧他的焦慮在角落撫觸生殖器官安

撫他自己。我們可以看到孩子已經很厲害的用他所能的方法在調節他自己的情緒狀態，他能夠用他的方法涵容他自己。最大的傷害與殘暴是忽略孩子的努力，剝奪他安撫自己的方法，粗暴的以自己的想法強加在孩子身上，給出超過他所能承受的焦慮與壓力，然後怪他無法做到。

復健與療癒的目標是尊重自己的感覺、恢復掌控感與安全感，我們的目標是逐步地擴大他的涵容能力，而非以我們的著急與過度簡化的做法造成他更大的壓力更焦慮。因為當我們急著改變他，即便最後我們看到的是孩子屈服在我們的期望下以符合大家期待的行為樣貌呈現，但孩子曾經歷到奶奶無視孩子內在渴望玩的需求、硬加給他的世界；媽媽或老師聯手無視於孩子身上已經得到的世界觀就是這個世界會讓他死翹翹、強迫他改變；我們對孩子的傷害是關閉了這個孩子的心，他經驗到的是這個世界沒有人願意了解他內在所經歷的痛苦，連他的母親也放棄他，每個人只希望他成為他們想要看見的樣子。各位可以想像三歲手無寸鐵的孩子所經歷的壓力是多麼讓他難以承受。

在我解釋完之後，我跟他們商量出一個做法。就是認同孩子在奶奶教養當中所經歷的，但一點點一點點的擴充他的涵容。

1. 依附能力：以穩定的陪伴、接納、理解達成～也就是當老師觀察到孩子開始焦慮要去洗手的時候，可以跟他一起去洗手。

2. 情緒能力：以標示情緒，創造連結達成～老師可以

在陪伴孩子洗手的過程中，說出他內在的感受，也就是「有的時候我們跟小朋友玩得很開心，會突然想到手髒髒想洗手那是很正常的，我們就來洗手」，我們替他說出他內在的情緒標示並且一般化。也讓孩子經驗，你理解他，他不孤單。

3. 人際能力：以尊重他的速度與能力的人際互動方式示範達成～洗完手後，老師可以陪著孩子坐在角落，不要碰觸他的身體，唸故事給他聽，孩子需要安撫，但他現在身體上無法接受更多的靠近因為細菌會讓他死翹翹。讓孩子知道他不是一個人，老師唸故事給他聽、在旁邊陪伴他、緩解他一個人會不斷地往死翹翹的地方想，而故事或遊戲的有趣會轉移了他的注意力。讓他的狀況在他能舒服的人際間得到安撫。

在適當時機也就是放鬆的時候，將書或者是玩具放到他面前，讓他依照他的速度去接觸這些東西，同時允許他，任何時候他覺得髒他就可以去洗手。告訴他：「是啊！當你感覺髒的時候就可以去洗手，覺得不髒就可以不洗，想玩怕髒就洗就好了，想洗很多次也很OK！」

4. 資源使用（求助）能力：以建構孩子信任的依附關係中自然達成。孩子在一段時間這樣的互動與對待下，當情緒超過能承受的狀況出現時，他對找老師家長安慰或幫忙建立了信任感。

5. 人生哲學：依附關係重建、與依附新的知識（適合個體想法發展的人生方向的知識）與個人的經驗來驗證新的人生哲學。

　　而幼兒園確實有孩子會輪流生病請假，這是他以前被奶奶一個人帶的時候不會看到的情景，他聽到的就是生病會死翹翹，或是奶奶生病時會一直說她要死了。老師可以藉由這個很日常、很平常的事件，在幼兒園每天幾乎都要發生，有人生病、請假、請假完會再回來上課沒有死翹翹的情景，說給他聽，去修復、緩解一生病就會死翹翹的焦慮。這是在三歲他剛入學這個年紀，我們做這些事情就可以了，等到他四歲進入五歲的時候，他心中應該累積足夠多的體驗，是「髒」洗手就好、不會死翹翹，生病休養就好，還會再復原，到4—5歲的時候，我們再幫他把這一些經驗意識化，通常都是用故事或是用一些科普說明細菌等知識的影片卡通等相關資訊的了解，幫助他改變他原先的認知。

　　從這個例子，我建構的人格脊椎五個能力就是：依附關係能力，用健康的成人建構夠好的依附關係，加上知識建構鷹架支撐他的尚在形塑的自我認知；情緒安頓能力，是維持他情緒當中能夠安撫自己的方法，並拓展其他安撫自己的方法或接受安撫；人際適應能力，逐步地學習以他的狀態找到人際之間互動的方法，知道他不用改變，他不是怪胎，不是娘娘腔，不是潔癖，他只是需要被了解；資源使用能力，有好的資源，可以找老師與家長幫忙，知道這個世界沒有那

麼恐怖；人生哲學，從世界是恐怖的慢慢轉變到世界是安全的，我有困難會被理解與幫助。

　　尊重他的感覺，維持他存在世界的掌控感與安全感是最重要的事，而那是一種「感覺」，感覺需要被體驗，不是一個知識可以被灌輸。就是你無法否認他內在的感覺而只告訴他「你不要害怕細菌不會死翹翹」，這是沒有用的，因為他已經經歷了兩年這樣的恐懼。

為性教育暖身，
傾聽自己與孩子的聲音

　　到這裡我想大家可以清楚的看到，孩子被家長支撐著、家長被老師支撐著、老師被專業人員支撐著，老師有專業人員支撐而能涵容家長的焦慮，不添加焦慮給家長，家長被老師支撐著能涵容自己的情緒，不添加焦慮給孩子。

　　我們才能還給孩子一個有養分的空間。讓孩子的發展回到發展的本身，協助孩子拿掉那些阻攔他發展的重擔的壓力，孩子自然會長。關於孩子觸摸生殖器官的行為，在這樣的支持下會還原出發展中屬於這個孩子該呈現的自然的樣貌。

　　在幼兒性發展的萌芽期，人格的建構勝過於教導性的任何知識，心理專業的目標是協助當事人建構缺乏的能力、提升涵容能力讓發展回到發展的本身，孩子自然會長。而在

其中每個人都被自己願意付出的愛滋養，也就是體現在為孩子花下的時間與心神，願意完全的了解他，就是「愛」～滋養。

而孩子在0到6歲萌芽期所發生的與性相關的行為，不論是好奇別人的身體、好奇自己的身體、摸自己的生殖器官、摸別人的生殖器官、喜歡依附胸部、觸摸胸部，對於屎尿很著迷、或是要非常多的時間去經驗屎尿排泄的過程，或是對於性行為本身的好奇比如說我從哪裡來的這個問題。這是發展當中自然會出現的，代表孩子在探索自己身體與認識他的功能與帶來的感覺

這單純的行為，他刺激到的是家長對於性的焦慮，往往我們為了處理自己的焦慮，就無法理解孩子正在經驗的是什麼。

但你無法灌輸家長「這是正常的不要焦慮，要大方的回應」，有困難的家長，他焦慮的感受說明著他以前被對待的方式與被灌輸的經驗，這樣的家長需要被支持著使用資源、協助自己能回頭療癒自己，愛自己的「不能」，才能慢慢找出「能」的方法。

因此我的主題是「從愛出發」，以依附關係為主題的性教育，0到6歲是依附關係的起始，任何事情會傷害到你、或你與孩子的依附關係，就必須深刻的去思考你所需要的照顧，與你的教養哲學與親子教養的能力是否需要增進。這個部分我把它稱為親職性教育生涯規劃的暖身期。因為這樣的柔軟、這樣的彈性、這樣的願意低下頭來、蹲下身來、傾聽

自己與傾聽孩子的能力，在孩子幼兒時期，家長最容易建立，從孩子身上得到愛的回饋與滋養也最快，這個能力如果沒有在幼兒時期建構好，孩子越來越大，家長會越來越困難傾聽到孩子，因為性的焦慮太過逼近更無法如幼兒時期這樣被家長接納，也就是如果你習慣家長的權力是大於孩子，習慣一切以標定問題、解決問題為處理親子關係的方法，習慣簡單的以對錯來標籤、來分類、來說應該與不應該、來評斷他人。那麼可以預測的，隨著孩子年齡的增長，你將會發現你腦神經斷線的機率會越來越高，而應對那個狀況通常都是激烈的情緒衝突，那其實只是說，你並沒有習慣蹲馬步而已，蹲下身來聽到自己、聽到孩子。

　　所以如果你的孩子還小或是還沒出生呢，恭喜你希望你抓到這樣的精髓在幼兒時期練習你自尊身段的柔軟度吧。各位知道有一種養身法，叫「筋長一寸壽延十年」，只是拉筋要充分的暖身與正確的方法喔，不能強拉蠻幹的。

　　幼兒性教育的例子，大家有這樣的概念之後，你可以清楚看到積極的療癒自己跟教育孩子是一樣重要的。

　　和孩子一同開始學習一同成長，讓他的性發展歷程不必是孤單一個人面對所有的困惑、緊張、不知所措，讓他在面對每一個挑戰時理解自己的感受，擁有適度的準備和因應能力，更重要的是，有他願意求助、能夠相信、真正可以提供支持的成人在身邊，當那些重要時刻到來，你示範的不僅僅是性教育，而是個人成長能力、是人際互動能力、更是親密連結能力，而這些都是我們最希望孩子能在生命中擁有的

核心能力。以此祝福所有家長，在成為孩子的家長前，先成
為自己父母。

　　有了依附關係為主體的親職性教育概念的底子，下一
課，我們將進入愛的鍛鍊～6—10歲，孩子性發展的懵懂
期，親職性教育能力與知識的儲備期，會以6—10歲性發展
的例子，來說明基礎原則操作的運用。

愛的鍛鍊

6～10歲孩子性發展的懵懂期（上）

猜猜

成為父母親要會多少魔法？

讀心術？

瞬間移動？

催眠術？

心電感應？

千里眼與順風耳？

……

興嘆能力渺小的我們

屢屢為愛

投入一次又一次的鍛練

第四堂課，愛的鍛鍊—孩子性發展的懵懂期，也是親子性教育能力與知識的儲備期。

上一堂課的內容重點是以例子整合人格脊椎成長與修復的概念。對孩子來說家長修復自己的人格脊椎就是撐起一個空間讓孩子們自然的成長，然而家長的人格脊椎需要依附知識、反思與覺察照顧自己的情緒（也就是對自己有興趣）、學習新的人際能力與運用資源幫助自己達成，才能修復。有療癒自己的方法、為自己尋找好的專業資源與支持團體是這個歷程當中最基礎必備的能量。

這堂課會用聽眾們的提問進行性教育能力與知識儲備的示範。

在我回覆提問之前，我先與大家分享一個心情，每次演講下課的時候總會有家長衝到台前來跟我說，「老師占用你1分鐘，……」，我可以理解、也可以感受到家長需要支持的心情，但也非常清楚他提出的問題是不可能1分鐘可以處理的。

通常只要家長的結語是，「正不正常？該怎麼教？是否該怎樣才是對的？怎麼處理……」，我實話告訴你，我不是不願意回答，真相是家長看著我的時候，我腦中都是一片空白。因為，家長問的是我無法回答的問題，要回答那些問題，我需要非常多的資訊才能夠評估。對我來說，評估是要依據事實說話的，不是腦補猜測與想像或是用理論定義的。

在你閱讀過第三課中解釋孩子在幼兒園摸生殖器官的案例，應該可以有點概念，對我來說給出一個建議作法，是

需要非常多的評估才能夠達成的。因為，人的發展與成長不是製造業，標準化施工就可以得到你想要的結果，對於我，以心理師為專業，我怎麼可能未經評估就給答案呢？不給答案，其實是我對於我身為心理師這個專業的尊重。心理諮商專業對我來說是經過縝密的評估後，提供當事人適量的資訊、適合當事人需求的心理動力處理，適合當事人能力建構的技術，目標是幫助當事人有能力決定他要如何面對他自己的困境。心理師因相對於個案或大眾的專業地位，須審慎的看待避免以自己的權威位置創造大眾更多的焦慮。

　　然而，來問問題的家長他想像他只需要一個簡單的答案來安他的心，而真實的情況是即便我給了他，以他給我的資訊我所知道的答案，家長仍然會說：「好，我了解了，但是，……」也就是說家長的焦慮與無助，超過他自己預期的，他並沒有覺察到，他一直承載著這麼大的焦慮。

　　而這是我的兩難，我理解家長的焦慮是想要被專家認同與安撫的，但，家長不給我足夠的時間使用我的專業支持他，也會讓我同時經驗他的無助與無能，而家長不知道的是，如果我無法把持住自己，經不住他的焦慮引發我的無能感，而為了感覺自己的有能感與存在感，給了建議的方法，離開之後，我總會感到懊悔，希望自己下次能更有智慧的在他問問題時，迅速找到能涵容家長的方法，而不要違背自己的專業給出輕率的建議。

　　以上是我的心情，分享給各位。

　　我仔細看了聽眾來函的六個問題，我靜下來仔細的思

考,如何可以運用這六個問題來讓大家有最大的收穫,而因為資訊非常的少,所以即便是提問的人,你都可以不用對號入座,基本上我不是在回答你,我是在回答就字面上的資訊所引發我的思考。

第一個問題,幫助我們再一次去整理依附關係具體實行的技巧與哲學理念。第一個問題是,在孩子尊重自己的感覺和現實行為之間如何找到平衡?比如第二堂課的案例中,孩子的感受是不願意理髮,要怎樣處理才是恰當的行為?

尊重孩子的感覺和現實行為之間的平衡

身為家長我想給你一個提醒,在與孩子的相處中,現況與計劃不符,是常態,記得不是孩子找你麻煩,而是給你機會多認識你的孩子,原來你以為很了解他,藉由這樣不順利的經驗,發現原來他跟你想像,以為了解的他還是不同的!

也就是當你發現與期望不符的時候,重點就是調整期望,你以為孩子可以經歷剪頭髮的歷程,當他哭鬧時候你發現他沒有辦法,因此放棄當天完成理髮行程的計畫是一個必然要做的決定,如果不放棄就變成你需要拿出威脅、哄騙、利誘、交換,這些家長常用操控的手法,來讓孩子順從你。

如果這個現場是攸關性命、重大損失、重大傷害,很急迫,你沒時間也無法讓孩子理解、必須馬上立刻做決定,

那當然，你仍然必須做出你該做的決定，然後你知道你會在事後協助孩子修復他所經驗到的驚嚇狀態，也就是你事後會抱著他、聽他的情緒。然後一而再、再而三，反覆的讓孩子理解，你明白你做這個決定的時候，造成他的驚嚇或者是情緒上的痛苦，但這不是你的原意，讓他受驚或受委屈了很抱歉，然後告訴他，但你當時必須這樣做的原因。記住，一而再再而三，因為情緒梳理需要釋放，同時為你自己練習跟孩子的情緒同在，而這個練習也會讓你跟你的情緒同在。

　　如果這個事件並無危及到生命危險或重大損失或重大傷害，你可以問自己，你要選擇用家長權力操控的方式讓孩子聽話順從，還是可以藉由這個機會重新建立你跟他的關係，也就是協助他有能力涵容你的決定。意思是孩子小的時候，很多時候需要依賴成人為他做決定，這是家長該為孩子做的事。也就是孩子各方面的能力尚不足以支撐他做決策的能力，因此必須依附家長也就是成人的決策能力，幫助他趨吉避凶的成長，但幫助孩子有能力涵容我們的決定，是家長的工作。

　　以美髮院的例子來說，當孩子情緒失控，而且清晰的說出他的困難，如何協助孩子增加涵容理髮現場焦慮情緒的能力，就是家長的工作。通常我們可以從幾個面向協助孩子做：

1.知識與體驗建構依附

可以從認知的方法協助孩子，比如說跟他討論有沒有

具體害怕什麼，針對那些具體的害怕，找出孩子因為沒有足夠的知識所產生的恐懼，跟他討論，（而以三歲的孩子這個部分未必能完成，但我還是跟大家說明，因為這可以應用在能描述具體擔心的孩子身上）然而，請記得，知識要產生功用必須跟隨體驗，無法用灌輸的方式完成。做法～你會帶孩子去美髮院玩，目的是熟悉環境、觀看其他人理髮開心的離開。看爸爸媽媽或其他小孩理髮。記得，依照孩子的個別個性與狀態次數不同，有些孩子只要你聽到他，他就安心了，也許一次就OK了，有些謹慎的孩子，可能要多次。如果你可以協助他對理髮院的環境與人多熟悉一個部分，逐步的建構他的安全感，協助孩子得到知識上的驗證，確實如家長所說，剪頭髮，沒事的。

2.情緒安頓的能力

一點一點擴充孩子情緒上的涵容，在理髮院時比如說家長剪髮的時候抱著他，慢慢變成讓他玩遊戲坐在理髮院的椅子上，慢慢讓他玩遊戲、坐在美髮椅子上再加上孩子坐的小板凳上，慢慢地讓他圍上理髮的圍兜，玩123木頭人，就是靜止不動的遊戲，在家裡玩理髮院的辦家家酒，或者是讓他在理髮院裡面將你剪下來的頭髮做成一顆球（這些活動，我小孩都做過，包括那一顆頭髮做成的球，我個人是陪孩子把它當作羊毛氈來玩）。將我們希望他達成安靜的坐著理髮的動作，拆解逐步累加上去，基本上，這就是教練的工作，將當事人覺得有難度的動作，依照對當事人能力的評估，拆

解成可逐步練習的步驟並協助當事人在不經意間達成。接下來安頓好情緒後，也就是他熟悉環境、熟悉這些器具、熟悉會發生的事情，同時也跟理髮師與助手都熟悉後，美髮院變成一個是放鬆與遊戲的環境。

3.人際能力與運用資源求助能力

我們再幫助他預備，當情緒無預警來的時候可以怎麼處理。這個部分，我們再幫他建構因應焦慮時的人際能力與求助資源的能力。也就是我們做好了完全的預備，但都有可能在他實際上被理髮時，會突然感覺到緊張焦慮，我們可以先跟他討論，當他感覺到很緊張的時候可以怎麼做，或者會有一個暗號是只有家長跟他知道的祕密（孩子最喜歡這種遊戲了），也可以順便告訴他，祕密只有他跟家長會有，也只有他跟家長之間是沒有祕密的（也就是任何人都不能要他保密不讓家長知道），當他說出那個暗號的時候，家長就會以這個孩子跟他之前所討論好的安頓情緒的方法來幫助孩子安頓他自己。

4.人生哲學

當孩子順利剪髮的那一次，家長跟孩子一起攜手度過彼此人生的重要困境，你可以跟孩子說：「有困難我們一起討論一起度過，你做到了很棒！」雖然對你來說可能很荒謬，認為「不過去個理髮廳而已……」但，對你孩子在經驗的卻不是如此，與其花力氣對孩子不如其他孩子那樣勇敢而

感覺到挫折、沮喪，對孩子失望生氣，不如儘速調整對孩子的認知，協助他增長能力。這個部分，就是建構孩子生命的哲學—他從不是一個人，他不孤單。

附帶一提，如果你常感覺到無來由的孤單，很多治療或分析有改善但無法完全停止孤單的感覺，那很正常，因為這不需要重大創傷才會造成孤單感，這是你從小生活的日常點點滴滴的累積，不是你家長的錯，是人類發展必須要發生的事，上一代的任務是解決生存焦慮，讓我們這一代有餘力，可以關注人格發展的健全，涵容了自己的孤單感，同時也集體潛意識的涵容了你的父母的孤單感。

回到正題，當我們這樣做，於是我們就實踐了，讓孩子能夠尊重自己的感覺、愛自己的身體、愛自己的性別，意謂著男生、女生都可以有害怕、焦慮，愛他自己這一個人，而且知道有人會愛他，有人會放下權威、放下面子去傾聽他的感覺、在意他的感受，協助他理解自己的感受，願意跟他協商討論並針對他的感受討論可執行的人際應對方法，協助他增進能力，感覺自己能夠勝任而更有信心，同時在過程中深刻的體會到他是被愛的。

這裡面的概念就是把焦慮切小，一點一點的幫助當事人，以他的速度、運用調節情緒能力的方法、感覺自己是有掌控的而恢復對世界的安全感，這是建立自信的方法。

孩子幾歲必須和家長分房睡？

同樣的概念可以運用到聽眾的第二個提問，

「目前是媽媽帶四歲半的女兒一起睡，想問孩子幾歲必須分房睡？」

幾歲必須分房睡是許多家長會問的問題，但是它沒有標準答案，它跟你相信的育兒哲學有關也跟你所感受到必須的原因有關。比如，有一派的育兒哲學是讓孩子一出生，就要讓孩子單獨在自己的房間內過夜培養獨立的能力，有一派是主張讓孩子跟家長睡到有足夠的安全感，而孩子想要自己獨立的空間時，就是最適當的分房時機。也有人並非因為教養哲學的考量，而是考量伴侶關係當中的需要，或是生活空間必須的安排。

但無論你採行的是怎樣的哲學或是什麼樣的原因，「跟孩子分房睡的決定」並不會傷害他，會傷害的是做法與速度超過孩子所能承受的時候。

記得，成人有無論是依照你的教養哲學或是生活處境的安排所必須要做的決定，包含離婚或是把孩子托給遠房的親戚帶，幫孩子有能力涵容你的決定，是表達你的決定中有他存在，你必須做這個決定但是你也理解他即將會經驗的情緒與歷程，你願意為他花時間陪伴他、協助他度過。是這些歷程你在其中的陪伴表達了愛，讓決定必須要做的時候所帶來的衝擊能夠被這個愛吸收涵容。孩子不見得會喜歡你的決定，但是修復會變得比較容易。記住，你不需要做到我說的

百分百，不需要有壓力，你來上課，就已經是夠好的家長，你聽課無論吸收多少，都會開始為你跟孩子帶來一些不同。

看見孩子自慰怎麼辦？

我以聽眾提出的第三個問題「看見孩子自慰如何處理」這個主題來複習親職性教育實際操作的技巧。

當你發現孩子自慰，在你做任何動作之前，首先先問自己幾個問題，這幾個問題將決定你的介入的方法。

第一，首先先評估你跟他的依附關係。問自己你跟他的親子關係如何？你覺得孩子能信任你能接納他嗎？孩子能在你面前輕鬆地展現自己嗎？

第二，請你釐清對於自慰的價值觀，因為你的價值觀會影響的是你介入時的情緒與方法，問自己以孩子的年紀你能接受發展當中自慰的呈現嗎？試著在做任何介入之前釐清自己的價值觀，請你先閱讀性發展性教育相關書籍、或者與伴侶、或是有不同觀點的朋友做討論，意思是運用資源幫助自己拓展觀點，也就是最好的是由知識、與朋友的討論來拓展你的觀點而不是以直接跟孩子的衝突來處理。

當然有可能你的價值觀是不能接受的，無論是自慰或是孩子其他的行為。這時候你需要思考的是，你不能接受他的行為跟他的自然發展之間做一個選擇，你是決定拓展你自己還是限制他，還是能找到一個中間點？如果你不能突破，

也就是你清楚表達禁止，有可能孩子行為將轉向地下化是減少跟你衝突的必然結果；也有可能孩子以更誇張的去展現他的行為，意味著孩子堅持想要相信你與相信你的愛，堅持要你為他「拓展你自己、聽懂他、愛他」。

第三，等你釐清你自己的價值觀也決定跟孩子談的時候，請在採取任何行動之前問自己以下的問題，你能輕鬆跟孩子談性嗎？也就是你能臉不紅氣不喘，同時使用正確的語詞、正確回答不欺騙，同時能夠弄清楚孩子在問什麼，依據孩子需要的分量、回答適合的內容，與當你不知道怎麼回答孩子的問題時，能夠尋求資源的幫助，這個部分是評估你是不是能夠營造放鬆談性的氛圍。

第四，評估一下你跟孩子談過身體、看過身體發展基礎性教育的繪本了嗎？這個部分是幫助你們兩個人做準備，在處理任何在性上面你覺得棘手的問題之前，先從簡單的一般性的知識開始鋪墊，不但幫自己暖身也幫孩子放鬆做準備。當你確認準備好跟孩子談性，也有能力營造談性的氛圍，也能幫孩子做準備的時候。

第五，思考你對孩子提供的性教育到底要教什麼，怎麼做？意思是，你擔心的事就是你要教的事，但是記住你教會他的是一個能力，不是用你擔心的理由叫他順從你，不要自慰。比如說，你怕他手髒觸碰生殖器官可能會造成感染，那麼你需要教他的是自慰時怎麼注意安全與清潔。如果你擔心的是他在大庭廣眾下做，那麼你需要做的是依你對孩子的理解來評估他是否能分辨隱私與公眾場所的區別，並且教導

他在隱私的場所做。比如說你怕他找其他小朋友一起做，那你需要評估的是孩子是否能分辨有些行為是屬於私人行為，是不能跟其他人分享的。如果你怕他迷上這個行為，做不停，也就是一般人所講的上癮，那你需要的是看他生活中是否有足夠的刺激與豐富的學習與有趣的生活，還是無聊居多，或是他的焦慮是否能被你理解，且能在你幫助之下找到除了自慰以外的安撫自己的方法。

如果你釐清自己，主要是因為你的價值觀不能接受，你有你的知識系統來證明不自慰是最好的選擇。那麼就清楚的跟孩子說，你的價值觀與理念是什麼。而避免用各種混淆訊息的理由，讓孩子無所適從。

當你能夠做到以上的幾點，也思考得清楚，無論你做什麼，都是依照你的哲學之下所執行的性教育的方法，而重要的目標都是維持著親子之間好的關係，依附關係為主體的性教育，目標養育或修復人格脊椎。

除了以上之外，如果你還有任何不確定孩子的狀況是否正常，那麼替自己準備好信任的專業人士可以諮商、有書可以讀、有好的支持團體可以討論，讓你在面對孩子的狀況時候不孤單、不是一個人，是你必須要為自己做的事。你會感到自己不孤單。

六歲孩子在家裸露身體怎麼辦？

　　同樣的這個概念可以運用到聽眾提的第四個問題。「六歲孩子想在家裡光著身體，作為父母怎樣的行為言語對孩子是合適的？」

　　以剛剛的概念，你必須先思考你對於身體裸露的價值觀，有些人是崇尚身體越少束縛越好、穿內衣褲或是不穿都是OK的，有些家庭是認為隨時都要衣冠整齊是重要的，先處理自己擔心孩子光身體的理由與價值觀，再來決定要怎麼處理。想想你要他穿衣的理由，如果你怕他覺得冷，那麼你會問他如果冷是否知道自己要加衣服；如果怕他在家習慣了在外面也光身體，評估他是否能分辨隱私與公開場所的區別且觀察是否真的有分不清的困擾；如果是你個人的希望，你希望孩子在家裡面是衣冠整齊的，那麼這就是你的家規，你可以規劃出讓他可以光身體的空間，同時清楚的讓他知道，在家裡哪些地方他可以光身體、哪些地方他需要穿上衣服，並且反覆地以遊戲說明與具體的體驗來表達你的家規。而通常孩子到了七八歲之後，有的孩子快、有的孩子慢，但孩子成長很自然的會要自己的隱私，除非他在表達其他的需求我們沒有理解到。

六歲女孩在爸爸面前裸露私密部位，怎麼辦？

　　好的，以這樣的概念我們再來看看第五個問題。「如

何理解與面對六歲女孩喜歡在爸爸面前裸露祕密部位（假設
是陰部）？」

我們想想，當一個孩子拿著家裡面的東西，創意的把
自己打扮成公主或王子，跑到你面前來展示，你覺得他可能
會有什麼樣的心理狀態呢？

1. 炫耀；2. 分享；3. 吸引注意力；4. 要你跟他一起玩；
你會怎麼回應他呢？

女孩裸露生殖器官在爸爸面前表達的可能也是一樣。
比如說炫耀，「嘻嘻嘻我有你沒有」，如果是分享，「我今
天探索身體的時候發現了我的陰部耶，我覺得我的陰部長得
很漂亮我想分享給你看看」。大家聽我這麼說，不知道有沒
有倒抽了一口氣，這⋯⋯感覺太複雜了，這是你從未經驗過
的事，「陰部很漂亮」⋯⋯這⋯⋯跟許多女性經驗自己的感
覺不同。

但請你想想一個孩子從哪裡去判斷自己的陰部是美還
是醜呢？應該絕對不會是從他自己，這是後天教導得來的，
所有的女性都是一樣，可能就是在我們小時候，我們很興奮
的跟爸媽分享我們發現自己陰部的時候，也可能是我們在跟
其他小孩玩，你給我看你的、我就給你看我的，或是醫生護
士身體檢查的遊戲時，是帶著家庭性教育／或不教性教育中
早已留在身上對身體與性的羞恥感，或是被大人發現斥責羞
辱，告訴我們羞羞臉、壞孩子才會摸那個地方那裡髒髒臭臭
不要摸。這種經驗在我所開設給成人的「性自我探索整合訓

練團體」課堂當中，聽過許多學生，當有機會面對自己對陰部的感覺時，會發現那些羞恥、骯髒、醜的念頭讓人既困擾又哀傷，到底為什麼我們身體上的器官莫名的要乘載這樣負面的情緒，仔細回溯，都可以找到無論是從家庭經驗或者是社會文化的影響所帶來的負面觀感。

　　除此之外，孩子裸露陰部給爸爸看，也可能是吸引注意力。也許某一天孩子意外的展現陰部，爸爸意外的看到時，爸爸倒抽一口氣後退三步，這裡給孩子行為上面一個增強的刺激，孩子覺得爸爸的反應好玩，「我嚇到你了的反應很好笑」，或者是爸爸平時都不注意孩子、疏忽他，一次孩子意外的脫了褲子在爸爸面前，被爸爸斥責，孩子學會「我只有這樣你才會看著我」。

　　很多時候，我們不能像看待孩子自己打扮自己跑到你面前展示那樣，看待孩子對身體與性好奇的表達。除了剛剛我說的，孩子的經驗與大部分成人女性的經驗不符外，當我剛剛說孩子可能突然發現他的陰部想分享給你看。「……媽呀！性暗示……性行為……性侵性騷……」霎時完全充滿我們的腦子，以至於我們完全看不到孩子的表達，只看到性。

　　請你先涵容自己對於性的焦慮，還給孩子發展中的純真，回到以依附關係為主體的親職性教育概念上來處理，請你回到我剛剛討論看見孩子自慰如何處理的概念中，評估一下你跟他的親子關係。

想想時間

· 你是否有營造談性氛圍的能力？
· 是否做好了基礎知識的鋪墊也能幫孩子做準備？
· 是否能觀察孩子，理解他的需求？
· 也調整自己的態度，為造成這個行為持續增加，負起責任。
· 如果有其他與性有關的擔心，包括性慾、性侵相關議題，建議你尋求專業資源諮商。

十二歲男孩總要和媽媽一起睡，怎麼辦？

在大家已經充分的以上述的提問理解親職性教育的概念與做法後，最後一個部分我們以第六個提問來幫大家釐清，「12歲男孩身體開始發育，爸爸不在家晚上睡覺總要跑到媽媽床上，媽媽覺得不合適又不知怎麼辦。」

家庭當中，性教育最尷尬與害怕面對的是情慾的流動。也就是這一個提問我們可以從幾個面向來思考。

如果單單是媽媽設定界限的能力不足，也就是媽媽希望拒絕孩子卻無法能夠堅持，總屈服在孩子的哭鬧要一起睡的情緒下，那麼媽媽需要的是依附關係親職教養的原則原理，跟之前提到的例子逐步地幫助孩子做堅持他自己睡的準備，協助媽媽溫柔堅定界線清楚的執行。

或是如果我們能夠對孩子這個行為的理解多一些，他

需要跑來跟媽媽睡的原因，無論是有任何精神上的情結或是怕黑、怕鬼、怕壞人，或是跟家庭中的關係動力有關，建議家長運用專業資源，來協助自己能對孩子行為的需求多一些了解，也理解自己面對孩子行為所產生內在的焦慮，藉由專業人員提供的評估與知識對狀況有更清晰的了解，情緒被安頓與支持，就比較能夠找到適合這個家庭狀況的決定，也可能需要運用專業協助，建立伴侶共識並且一起執行溫柔堅定且拓展孩子接受家長決定的涵容能力。

以上我想表達的是，家長是有機會成為孩子情慾的投射個體，（反之亦然，一般稱之為亂倫），只要家長人格脊椎健全，面對孩子情慾投射，那就會跟孩子在你身上投射的任何一種需求處理方式一樣，只是你比較不習慣，或是刺激出你對性還有許多未解決的議題而已。

所以我的觀點是，你才是主角，你的焦慮你需要找專業資源涵容，你才能還孩子的性發展回到他自然的發展，而不因你的焦慮創造更多問題。而你也能在這些經驗中，發現自己之前教養中的問題與盲點，這是給家長校正家長角色與學習新方法的時機。

然而，大家擔心的亂倫，亂倫說明著，成人人格扭曲，以自己的需要讓孩子滿足他的需要，無論是從犧牲孩子的自尊來餵養他需要的自尊，或是到性上面的掌控餵養內在缺乏的掌控感，這說明著家長一直承受著他因依附關係嚴重受損人格脊椎無法支撐自己，以致於將自己的需求任性的丟在孩子身上，犧牲孩子滿足他自己，如果是這樣的題目的話

那麼需要的就是心理諮商，就已經脫離了親職性教育生涯規劃的範圍，沒有自我療癒，就沒有教養，因為成人，自己都還趴在地上怎麼撐起親職的任務呢？

好的，以上藉由大家的提問，幫助我們把概念整理得更清楚，運用的方法也解釋得更清楚。

為性教育儲備知識，認識孩子的性發展

有了以上的基礎之後我們再往下看六到十歲孩子的性發展，這個階段當中的性發展是很懵懂的，家長也會發現這個階段彷彿鬆了一口氣，不論是孩子在學校的時間比較多，或是學習的壓力增加很多，關注的焦點不一樣，總之這個時期當中還是在性方面的行為的呈現會感覺比較減少。

但我們想一想，你在幾歲的時候意識到性，或是意識到探索身體是不好的，你再想一下什麼時候，你開始發現最好不要跟家長談你對性探索的體驗與想法與困惑，或是你怎麼解讀家長的態度。有人說從小就知道、有人說他曾經問過被制止，或者是當在電視上面看到親密的鏡頭爸媽就轉台，或是老師上健康教育會跳過性的章節，或是被爸媽抓到自慰，或跟鄰家孩子探索身體狠狠地被修理，這一些經驗讓孩子遇到性發展的困惑開始停止跟家長求助。但，其實性發展是沒有停止的，只是孩子開始選擇地下化，不在你面前做這樣的呈現與表達，同時也學會了社會化，意思是如果幼時的

談性的信任沒有建立，甚至於被破壞，或是孩子選擇這些不是家長能承受的，同時也不要給自己找麻煩，因此會隱藏著一些探索的行為。意思是很多時候家長已經想不清楚，從何時你的孩子不再白目的讓你尷尬困窘，身為家長的角色彷彿鬆了一口氣，然而你知道你的孩子正在經歷什麼嗎？

　　6到10歲的孩子，逐步經歷著身體發育，身體發育意味著怎麼看自己的身體，漂不漂亮、帥不帥、可不可愛、夠不夠高、是胖還是瘦，逐漸的會透過成人的眼光當中，傳遞出社會性別刻板化印象中對身體的期望，另外會更具體被教導的是性別呈現的方式：男生應該有男生的樣子，女生應該有女生的樣子…等等。同時孩子仍然持續著對身體的好奇與探索的慾望。如果你細心觀察，你可以從遊戲中具體明顯的性嬉戲、性語言、性探索的互動當中觀察出來，

　　而情感懵懂的萌芽，他們開始經歷，細微的吸引與被吸引，這些感受不一定是很清晰可以被確認的，但遊戲間卻以誰跟誰一對、誰喜歡誰、怎麼寫情書……當中練習怎樣體驗吸引與被吸引的感覺，你會聽到這些經歷間歇的出現在孩子分享的生活趣事中。

　　這個時期性與情慾的發展都在進行著，很多時候這些發展的行為是非常清晰的，但需要對性發展有敏感度的人才能覺察。我孩子在國小時候，我總會知道他們老師不知道的事，或是到學校機構做個案督導時，常會發現師長們會過於嚴重的標籤、或是完全忽略了孩子的性發展的行為。

　　讓我以一個例子引發大家的思考，也讓我們為第五課

預作準備。

一位家長來諮商，說孩子回家跟他說，「同學下課時問他喜歡喝菊花茶嗎？他說喜歡啊！他們就會笑。或是他們拿菊花茶給他喝，他喝了他們就笑成一團，跑來跑去跟大家說他喜歡菊花茶。或是問他喜歡炒飯嗎？他說喜歡，也笑成一團。問他要不要去飲水機喝水，他說好，結果同學就大喊他要喝飲（淫）水……」。

家長說原本他不了解，於是跟孩子說應該是朋友在跟他玩，後來幾次後覺得怪怪，問了其他家長才發現這些都是性語言，家長覺得震驚受傷，擔心孩子是否被性霸凌，原本覺得很被羞辱，想找老師理論。

你覺得呢？如果是你的孩子你會怎麼處理？

這個例子請大家想想，如果你是家長你會怎麼做，也許你願意的話，可以和你想一起討論的朋友，大家一起腦力激盪一下，不用想太多，就是隨意的激盪，也請大家不要對他人的激盪給予任何評論喔！

愛的鍛鍊期，大家有發現嗎？第四堂課，充分表達了鍛鍊的概念，在孩子遇到的每個性發展的情境中，親職性教育生涯規劃的概念讓你都在其中不缺席，但不缺席又不能任性的依照自己的情緒處理，又不能只丟給專家，又不能期望孩子改變，能改變的只有自己，你才是最重要的主角。

第二課與第三課從愛出發，療癒自己的依附關係，這兩堂課幫你建構清楚的現實觀，親職性教育生涯規劃，如同健身一樣你需要鍛鍊核心肌肉群。這些反思的歷程與心力，

是費神耗力，但你會越來越上手，幫助你面對孩子即將進入青春期時，有跟孩子一起衝浪的本錢。

愛的鍛煉

6～10歲孩子性發展的懵懂期（下）

你若看過那朵玫瑰
就不會嘲笑我心如玻璃易碎
你若聞過它撲鼻芬芳
就不會驚訝我為它搭棚擋風
你若曾與它共舞在朝露陽光下
就不會懷疑我能同時擁抱它的刺與美

　　這一堂是第五課。習慣跳著讀的讀者，可能會覺得只看單一章節會有一些連接不上，後面章節常常會引用之前幾堂課所討論過的案例或故事。這是因為，對我來說這個課／生涯規劃從來不是切開的，它是一個能力堆疊的概念。建議大家盡量從第一課開始閱讀，收穫可能會更清楚。

　　我在第四課的最後講了一個例子，希望大家回去想想也許和你們的朋友們激盪一下，希望藉由課程中的案例，也能形成你找伴侶或朋友一起討論激盪的開始。

　　我來說說這個故事當中我的經歷，也藉由這樣的故事來跟大家說明今天的重點，愛的鍛鍊—孩子性發展的懵懂期，親職性教育能力與知識的儲備期。鍛鍊家長面對即將邁向青春期的孩子，關係需要重新調整更有彈性、隨孩子成長的需要轉換不同的位置。

　　讓我稍微重複一下這個短短的例子，有一位家長來諮商，孩子回家問他說，同學下課時問他喜歡喝菊花茶嗎，他會說喜歡，同學們就會笑成一團；或是他們拿菊花茶給他喝，他喝了同學就會笑成一團，然後跑來跑去跟大家說他喜歡菊花茶；或是問他喜歡炒飯嗎，他說喜歡，大家也笑成一團；同學問他要不要去飲水機喝水，他說好，結果同學就大喊他要喝淫水……

青少年性語言與嬉戲

　　家長說原本他不了解，於是跟孩子說應該是朋友在跟他玩，幾次後覺得怪怪的，問了其他家長才發現這些都是性語言。家長覺得震驚、受傷，擔心孩子是否被性霸凌，覺得很被羞辱想找老師理論。你覺得呢？如果是你的孩子你會怎麼處理？

　　這是我以前演講時，家長會提出的問題類型，但會因此來找我諮商的家長，至今只不超過5位，我等等再跟大家說明怎麼處理。

　　我先跟大家分享，之前我去帶領一個家長課程團體中，家長也提出類似的問題，我跟他們激盪的經驗。有些家長說這個階段的孩子都會這樣那是很正常的，叫孩子不要理他們就好；有些家長說這些的同學行為是不OK的，是不懂得尊重別人的人，要自己的孩子遠離這樣的朋友不要跟他們一起玩鬧；有些家長跟孩子說你需要很嚴正地去拒絕他們，讓他們知道你不喜歡這樣的對待，甚至於要告訴老師。其他的家長一臉困惑，這種事要怎麼處理，說大不大說小不小，他們說：「我們成長難免都會碰到這些事情，我們也不是就這樣長大了嗎？有需要事事都這樣思考計較嗎？」也有家長說：「這個一定要處理要請學校處理、請老師處理，一定要遏止這樣的行為，不然就是助長歪風，我們必須要讓這些玩鬧的孩子知道他們在做什麼，不然他們可能會越來越過分。」

在這樣的討論中大家有發現什麼嗎？

有一派家長的觀點是希望停止這樣的行為，讓學校的場域回歸學生是被保護安全尊重、不應該存在有不好的對待與互動方式；有一派知道這種情況就是會發生，但沒有其他的處理方法，只能讓孩子忽略或是遠離這樣的狀況；有一派覺得這是自然的現象，孩子自然會長大不用處理。

如果你是家長，不知道在這些處遇方法當中，面對孩子在經驗這樣的事情你的感覺如何？不知道在哪一個方法會讓你感覺到有力量與有自信？

再想想如果你介入時是用上述的三種方法，猜猜看，哪種方法會讓孩子有自信呢？

自信是什麼呢？自信是在發展中，遇見每件事情從當中的混亂中，逐漸釐清自己是誰，找到自己的位置，而能夠安穩地接受自己情緒與真實的樣子。在這個過程當中，找到人際應對的方法，也為自己求助，相信自己是被愛的，這個世界不盡如人意，但你不孤單。我想，我再說這一大串，大家應該都已經熟悉到會背了吧！這是人格脊椎建構的過程，也是逐步建立自信的方法，而自信建構是在世界的真相當中找到自己。

我們回來看看剛剛家長們的三種反應狀態，這是很常見的，因為雙關語的玩笑跟發生性侵是有一個落差的，如果實際上發生性侵，這是整個社會制度會介入，用社會制度的介入來教導家長與學校怎麼處理這樣的問題。而這一個雙關語的例子也沒有到清楚讓當事人可以明辨是性騷擾，如果

要校方與老師具體的介入禁止，某個角度意味著要讓「學校」，這個孩子成長很重要的人際互動場域，成為一個無性的空間，然而這個觀點困難是孩子大部分的時間都在學校，大部分的朋友人際連結都在學校，如果這個場域禁止了他們性發展行為樣貌的呈現，回到家中性發展的呈現也很困難有空間，那麼孩子的性發展並不會停止；就得地下化，或是面臨發展延遲的狀態，40年前各方面資訊都貧乏沒有網路的年代，還有可能因為資訊貧乏、家規、社會文化價值觀的評價嚴重，可以用壓抑漸緩孩子的發展。但是發展仍不會停止，只是比較慢與能力缺乏的比較多而已，這個部分體現在，那時的孩子、現在的成人，面對性的焦慮與性教育與性溝通能力的缺乏。

而在網路盛行的年代，各種資訊難以管理的蓬勃流竄，孩子在大量的被刺激當中，禁止應該已是一個過時的教育方法，然而孩子的性發展的場域在學校發生時責任又該歸屬給誰呢？

或是我們更精確的說，也許在這三種介入方式位置，無論是認為自然而要孩子忽略他，或是認為自然要孩子遠離他們那些搗蛋的孩子，或是認為嚴重希望老師學校出面禁止這樣的狀況，無論採行哪一種方式家長同樣都會經歷些無力感。

孩子也是一樣。孩子不見得喜歡你去告訴老師把這個事情弄大，造成他需要面對這個事情的焦慮，孩子也不見得有能力遠離那些逗弄他的朋友，然而孩子也有可能無法完全

忽略被同學開玩笑或欺負的感受。

我們來看一下那個跟我諮商的家長跟我之間的討論。原本家長氣憤不平的打電話來預約諮商，希望了解如何處理這個狀況，我請他來見我之前，稍微了解一下，問問孩子那些逗弄他的人，在班上的行為狀態，跟孩子之間的關係。家長跟我說他問了孩子，發現原先他以為這一群搗蛋鬼，一定是品行很糟、成績很差的孩子，結果沒想到他問了自己的孩子後，發現這些孩子是班上功課很好的一群，也是以前他常常鼓勵孩子能交往的對象，而他的孩子也很喜歡與崇拜這些人。

家長的心情與困惑

這位家長來見我的時候，他告訴我原本他很生氣當他發現是性霸凌的時候，很希望直接跟老師說要求學校要遏止歪風主持正義，應該要積極的教導孩子正確的人際互動界線。他打電話來預約諮商的時間，原本是希望能取得專家的背書讓自己說話更有力量一點，而當我請他去了解孩子在學校與這些搗蛋的小孩人際互動的狀況時，當他了解這些孩子是成績很好的孩子，也是他曾經希望自己的孩子能夠擁有的朋友，這個時候他退縮了，心情也很複雜，他擔心自己之前一直鼓勵孩子去跟他們交朋友是否是錯的，他很困惑為什麼成績好的孩子會做這樣的事。

如果今天這一群孩子的功課差，他要求學校管教，可能會得到比較多的支持，然而這一群同學是班上的風雲人物，他怕很難說服老師，也怕得不到其他家長的支持與認同，最後可能變成他太敏感。突然他開始擔心如果他任意地去找老師告狀，會不會到最後傷害的是孩子。

　　當他把想法都整理出來，他告訴我，現在要他積極的去告訴老師，要老師處理，彷彿他已經失去剛聽到時的衝動，思考過後發現要考量的東西很多，也沒有決心要堅持。那幾天聽孩子跟他分享日常生活當中的那些事件時，他開始覺得不耐煩聽，甚至也告訴他孩子不要太在意，或是要他對著逗弄他的同學鬥嘴回去，甚至對孩子無法應對這樣的狀況會有一點生氣。

　　這個家長的經歷是非常正常的。在台灣2004年性別平等法、2009年性侵害防制法尚未實施之前，連遭受性別歧視或性侵都不見得能取得社會公平正義的保護，更何況只是嬉戲言語的言詞，大部分的人只能學會忍耐不予理會，盡量安靜別惹事、或合理化那些會發生在身上的事、或是避免自己被欺負，乾脆加入欺負人的行列。你也可以說那個時代對男性來說是一個弱肉強食的時代；而女性的處境又更加困難，公平正義不知要犧牲多少人承受痛苦才能勉強換得意識的轉變，過去，要讓人做自己，不論男性女性都是令人非常無力的年代。

　　在性別平等法、性騷擾防治法實施之後，性侵害、性騷擾都有法可遵循，人民的意識逐漸抬頭，於是我們想相信

社會公平正義是可以有人主持的，因此家長會希望學校出來出面處理，想要爭取自己的權益，想感覺到自己是有力量的，可以做些什麼，這是很正常的。

然而當我們靜下來想想，如果離開了對、錯、應該、不應該、誰該受處罰、誰該被保護，你會開始發現與人有關的事情真的是很複雜。而到目前為止，我們只聽了家長，還沒聽到孩子的經歷呢！這就已經很難了。而我們還沒有問孩子的心聲他到底經歷了什麼，他想要誰成為他的朋友，或他真的受傷了嗎？

但是我知道的是，這個家長受傷了，孩子的經歷喚起他青春期時候所面對的困境，被欺負不知如何是好，不知該找誰求助，只能自己消化的無力感。這個經驗在成人時期，成年人理論上「應該」有能力保護自己，這個有法治的時代「應該」有公平正義，再次的經歷到無助、無能為力，那個感覺並不好受，所以他開始對孩子不耐煩，甚至會生氣孩子無法保護自己、無法反擊，這是很正常的，那只是說明著他對孩子有更好的希望，他希望孩子能與他的過去有所不同。

但，我們無法教授或示範給孩子我們身上沒有的能力。在每日的相處當中，我們傳遞出去的是我們身上曾有過的經驗，與對這個世界的處世哲學，如果沒有覺察、反思、療癒，且不斷地學習新的能力與方法整合自己，很多時候我們會發現，類似的事情會反覆在生命當中發生，也會遺憾地看到，孩子跟我們相像的地方。

這位家長在生孩子之前就是我的個案，已經結案一段

時間。我很開心這個家長，在有任何動作之前先決定來諮商，他能在這個過程當中先理清楚自己的狀態，而非以孩子身上正在經歷的事，成為他投射過去挫折與無助的戰場。他講完經歷的困惑，也經驗到此刻束手無策的無助，原先想要舉起的戰旗也只能悄然放下，也就是家長開始發現，這不只是一個行為的停止與問題的解決，家長開始發現有時界線不是從自己這邊決定的，你發現孩子也有面臨兩難，也不是你下指令就能做到的，你也開始害怕，孩子變成被孤立的那一個，你開始發現，性嬉戲、性語言伴隨著人際互動、人際關係、個人好奇探索、混雜著需求與慾望。

解決孩子問題之前的心理預備

　　這個時候，是非常好的時機，在解決孩子的問題前，停下來，先思考一下，孩子即將面對更多的性的訊息／衝擊，你準備好跟他一起度過了嗎？而且，度過的過程中，考量的不只是該怎麼做符合你的期望，更多的是如何把他的發展、好奇、探索、人際需求、知識與界線一併涵蓋入內。

　　他看著我說：「老師，我覺得很困惑、我該怎麼做？」我跟他說：「你做的非常好，你現在這種困惑的狀態，沒有清楚的決定，不知道該往哪個方向走才是對的，這種狀態給你機會讓你跟孩子處在同樣的處境，你可以同理孩子的心情，可以理解他的難。」

家長說：「老師，我聽不懂，如果我也不知道該怎麼辦，我怎麼幫助我的孩子？」

這是我最希望青春期家長所在的位置，家長很習慣全知全能，特別到了孩子將進入青春期，保持權威感與效能感，是家長感覺對孩子的責任、也是家長對孩子的不信任、也是家長需要感覺自己在孩子眼中還是大人的方法，而這一些舉動常弱化孩子。跟孩子談性的原則就是，有困惑、不知該怎麼處理時，跟孩子一起激盪、一起找方法、找資源度過，這是協助家長轉化位置的提醒。這是孩子準備邁向青春期，家長任務的基本功。

我慢慢跟他解釋，我問他當孩子回來跟他說這些事情的時候，他感覺孩子是帶著受傷的心情嗎？他搖搖頭。那麼，孩子最近除了這件事情之外，有什麼具體上行為的變化、情緒上的變化、或是跟家長連結上互動上方式或頻率的變化？他想了想發現並沒有太多的不同。

我回應他：「雖然你的孩子沒有來諮商，那我可以先簡單的假設當他在跟你說他所經歷到的那些玩笑的時候比較多是跟你分享、還有討論那些不理解，並不是因著這個玩笑受傷。」

他點點頭說：「好像是這樣，老師你在說的是我小題大作？」，他很快地想要下這樣的結論。意味著他想要快速的讓這個事情過去、他想安頓他自己。

「不，我在說的是，你正在嘗試做一個青少年的家長！而你做的很好。」我跟他做了以下的說明：

「青少年的世界不像兒童或是幼兒的時間那樣單純，他們會開始更有意識的經歷人際當中的困惑、挫折、複雜與無助。你孩子經驗的那些玩笑，他不理解，可是他並沒有受傷的感覺，但很清晰的是，他不知道怎麼回應，也或許是他有他回應的方法只是沒有告訴你。而這些互動在他跟同學的人際關係當中有某些意涵，無論他知不知道那些雙關語的意義，但以同學的行為反應，他會知道這是一個逗弄。我們需要了解的是，他喜歡逗弄與被逗弄的互動嗎？不是你喜不喜歡他被這樣逗弄。這個意思是逗弄與被逗弄，有的時候圈外人或是成人看起來會有評價，認為這是不好的或是欺負，但是在其中的人即便也感受了欺負與被欺負所帶來相應的內在感覺，但是，他們願意承受這些感覺換得的是人際脈絡，而這是我們圈外人只看片段的互動是無法了解的需求滿足與關係建立。」

我昨天學習到一個12歲左右孩子們用的新詞彙叫做「扎心」，它的定義是好朋友之間講話太過直白，讓自己的心小小的被扎到一下，意思是朋友當中，互動的方式不全是溫良恭儉讓。

我們還是需要知道的是，他怎麼回應那些逗弄的感覺，也就是除了你希望他能做的，是否他有朋友可以跟他腦力激盪很多方法可以嘗試、可以練習，看看會得到怎樣的結果。意思是除了跟對方說不、遠離他們、告訴老師跟家長，這些是幼兒時期我們教孩子保護自己的方法；但更多的時候，孩子在他各種需要中，比如說人際需求、歸屬需求、與

被尊重的需求、與學習應對需求中綜合各種需求，找到照顧自己的方法，即便有時候你並不喜歡。

還有我們需要知道，跟他如果想要停止這樣的逗弄的關係，他是不是有能力可以執行。

「你的孩子正在經歷的困惑跟你一樣，需要的不是一個快速的解決方法，而是有人跟他對話、慢慢梳理，釐清他的情緒，知道他在人際關係當中的狀態，同時依照他現在的處境、跟他激盪他可以應對的方法，同時孩子需要成人持續的好奇地、充滿期待的聽著他每天回到那個現場的經歷，看他如何從這個經驗當中，找到他自己的方法、有他自己的學習、見證他的成長。」

「所以，我只需要做一個傾聽者？」

「你幫我回想一下，你青春期的樣子，你喜歡你的青春期嗎？」我問他，他搖著頭說：「我打死不要再回到青春期了。」他的回答讓我印象深刻，但也很平常，我聽過非常多人說，他們不想回到青春期的原因，因為那段時光留下許多未解決的情緒在心中，那些青澀歲月人際間的互動的議題，加上學業的壓力、未來的茫然、加上親子關係逐漸或早已疏離、越來越無法確定爸媽的愛、再加上難以開口的性、性的人際互動的困惑、面對自己生理變化、性需求的焦慮、情緒起伏、幾乎是需要重新認識新的自己。

為性教育儲備能力，
學習如何和孩子談性

　　青春期是一段失序的時光，而很少家長希望孩子是失序的，因此我必須說，「做一個青春期孩子的家長，傾聽是相當高難度的工作。」這意味著許多的自我療癒，能涵容失序的焦慮，才能在孩子在失序的歷程中，學習相信孩子，與穩定的在孩子的經驗中，跟他一起找到他的力量。

　　具體怎麼做呢？請大家參考第四課中，我回覆孩子自慰怎麼處理的提問，作為基礎概念。

1. 首先，先評估你跟他的依附關係。

2. 第二，請你釐清對於青少年性語言、性嬉戲的價值觀，因為你的價值觀會影響的是你介入時的情緒。

3. 確認自己有跟青春期孩子談性的能力。你能輕鬆跟孩子談性嗎？也就是你能臉不紅氣不喘，同時使用正確的語詞，正確回答不欺騙，同時能夠弄清楚孩子在問什麼，依據孩子需要的分量、回答適合的內容。與當你不知道怎麼回答孩子的問題時，能夠尋求資源的幫助。這個部分是評估你是不是能夠營造放鬆談性的氛圍。

4. 評估一下你跟孩子談過青春期生理發展知識，一起看過身體發展、基礎性教育的書籍了嗎？這個部分是幫助你們兩個人做準備，在處理任何在性上面你覺得棘手的問題之前，先從簡單的一般性的知識開

始鋪墊，不但幫自己暖身也幫孩子放鬆做準備。

當你確認準備好跟孩子談性，也有能力營造談性的氛圍，也能幫孩子做準備的時候。

5. 這個時候，我們再要問的就是那到底要教什麼，怎麼做？意思是，你擔心的事，就是你要教的事，但是記住，你教會他的是一個能力，不是用你擔心的理由叫他順從你，離開那些會逗弄他的朋友。

比如說，你怕他不知道同學在以性語言逗弄他；你需要解釋給他聽，那些詞句的意涵；你怕他知道後覺得受傷，你會跟他談談在你跟他說性雙關語之前，他猜的到嗎？他的感受？他怎麼理解這件事？

你怕他受欺負，問問孩子，這件事以前，他有被同學以其他方式開玩笑、逗弄嗎？他的感受如何？他怎麼回應？有朋友或老師站在他身邊嗎？他能分辨無論他們今天以什麼開玩笑逗弄比如：胖、醜、大舌頭、胸部大小、身體的體味、穿著、髮型，都不是他的問題，是同學表達方式的問題嗎？這次同學以雙關語來開玩笑，他怎麼回應？現在他知道是性意涵了，他對這些同學的情緒是什麼？他想怎麼做呢？有什麼地方是需要家長幫忙，無論是一起激盪點子，想應對的辦法，或是他覺得想要告訴老師嗎？他知道任何時候他有困惑你很願意跟他討論嗎？會尊重他的感覺，以他的需要，在他同意之下，才介入嗎？問問他是否有觀察到其他逗弄人的遊戲的方法，是否也會想玩這樣逗弄人的遊戲，好奇、想模仿，會有各種感覺都是自然的，他有嘗試過嗎？結果是什

麼？總體來說，他如何理解發生在他身上的事，與是否需要你們一起尋求老師或專業資源的幫助？

帶著好奇心了解你的孩子，建構著你與他的依附關係，協助他釐清他的情緒，激盪人際中的各種應對方式，如何選擇資源幫助自己，當你能夠做到以上的幾點，孩子面臨的性的困境，轉變成家長與孩子建立關係的機會，你正在調整青春期的孩子看待師長、特別是家長的看法，也就是家長不懂我、不聽我講、只想要講大道理⋯⋯

依附關係為主體的性教育，準備進入青春期前，目標在修復家長角色跟孩子角色的鴻溝，家長一切的作法重點在保持溝通管道暢通。因為有關係，才有影響力。

除了以上之外，如果你還有任何對孩子的狀況是否正常的擔憂，那麼替自己準備好信任的專業人士可以諮商、有書可以讀、有好的支持團體可以討論，讓你在面對孩子的狀況時候不孤單、不是一個人，是你必須要為自己做的事，你會感到自己不孤單。

我在愛的鍛煉孩子性發展的懵懂期，親職性教育能力與知識的儲備期的這堂課，選擇這個一般人很容易忽略的例子，意思是，它並不是性侵害、性騷擾、問題性行為、過早談戀愛、懷孕、人工流產那樣嚴重的案例，來跟大家說明，性發展不會因為孩子沒有跟你說就停止，很多時候孩子說了那一些發生在生命當中細微的事、不是重大的事，卻也是讓我們無能為力的事，是很容易被忽略。而從幼兒時期家長的任務是，學習幫助孩子有能力涵容我們的決定。到了兒童時

期逐漸邁向青少年的這個階段，家長的任務轉變成傾聽孩子，並且「學習」相信他的決定，家長必須要「學習」支持孩子的決定，並給他能力讓他經驗自己，意思是孩子現在所經驗到的自己，不會是一個定論，孩子還在發展他會因為各種能力長得更好之後他的自我會一直的茁壯成長。

家長的任務是耐著性子去看此刻孩子的成長，然而家長常常忽略的是，覺得孩子已經大了，很容易將自己的期待，無論是過去做不到的部分希望孩子做到，或是自己很輕易做到的希望孩子呈現的跟自己想像一樣的這種壓力放在孩子身上。

前幾天我在跟我的孩子聊天，她是一個國一的孩子，她給我看她上課的筆記，老師們帶著她們同學一起討論一個學生的責任是什麼，我看到她的筆記上寫著「符合爸媽的期待？」、「完成自己的目標？」、「成為一個有用的人？」、「做到該做的事？」……。

我問她為什麼寫每句話後面都是問號呢「？」，她回答我：「因為有同學說達成爸媽的期待，我心中想有可能做到嗎？完成自己的目標，我心中想有可能做到嗎？」我問她那你的答案是什麼呢？

她開心的跟我說：「一個學生的責任就是快樂的學習呀！」

不知道這堂課上下來，大家會不會好奇這不是性教育呀，這是親子教育啊！請記住，以依附關係為主體的性教育，依附關係永遠是主體，有一個好的、合適的依附關係，

加上前面說的談性的能力，在孩子的懵懂期家長跟孩子逐漸要進入面對青春期，這個時候是非常關鍵的時期來調整你看著孩子的角度與位置，因為這將決定孩子未來會跟你分享他的世界有多少，這也將決定孩子願意在你面前敞開他所面對的性的人際互動的困擾有多少，這也將決定你不是一味一廂情願地要給孩子性教育，你知道支撐孩子面對自己的決定、有能力為自己做選擇是一個歷程，在嘗試的過程會經過許多不如預期的結果，而那些結果會帶來挫折、沮喪、失望或是認為自己失敗的情緒是正常的，但是那不如預期的結果，並沒有白費。在成長的歷練，我希望我的孩子擁有這樣的價值觀，沒有一步踏錯路，每一步都會累積出她對自己與世界多一些了解，每一個不如她期待的狀態，都將帶她更走向符合她內心希望的樣子，而這是一個學習的歷程，不是一個想清楚就可以達成的決定。

　　然後～～

　　我要她知道，

　　她唯一要非常清楚的，

　　再三想清楚且不能懷疑的是……

　　「無論發生什麼事，我都會站在她身邊」。

愛的設限

11～16歲孩子性發展的青春期／摸索期（上）

挺舉撐鈴逾百斤
等待裁判發令的片刻
那片刻
成了永恆的靜止

重量源源不絕醍醐灌頂
壓著心臟無法喘息

是期待　是榮光　是驕傲
亦是賭上性命的自尊

這堂課是愛的設限～孩子性發展的青春期／摸索期，親職性教育面對性價值觀衝擊下的涵容能力。

青春期理當是充滿活力，是孩子開始有意識，清晰地探索自己的可能的起始，但我卻充滿哀傷的記憶。

以前，我還在各級學校現場工作時，我最喜歡的是，在我無論是訓練、個案研討、演講或接案之前，我會先在邀請我去指導的學校的一個角落待著，觀察著這個學校青少年的日常活動，這觀察給我一個重新評估的機會，評估這個學校的文化，與邀請我來授課的老師所給我的資訊是否是一致。這會讓我上台去的時候，能夠更加清楚地抓到台下的聽眾所需要的訊息。

失序的青春，失序的家庭

而且我特別喜歡去廁所，因為每個學校的廁所塗鴉文化或裝飾或短文笑話，都表達了青少年或這個學校的文化狀態。我喜歡坐在角落觀察青少年們打鬧玩樂，那是個自由與活潑的情景。

但，絕大部分我在做諮商工作的時候，所遇到的青少年都不是那樣快樂的樣貌，都傷重的戴上各種盔甲，防衛我靠近，冷漠、無感、忽視、配合著演戲、無言的抗議、憤怒、以性來挑釁，更違反常規的行為、自殘、自傷、自殺等等，沒有把心拿出來跟他一起痛，各種建立關係的技術都會

被他們識破。

　　一個痛苦的青少年，背後就是一個以上的痛苦的家庭，那些因著性議題到我手上的青少年，與他的家庭多半都在一個很嚴重的性價值觀對立造成的撕裂狀態，他已經不如我第二、三堂課，我第二、第三堂課談依附關係建立，那是基本功，也是最容易有成果的階段，第四第五堂課兒童時期性的議題雖然要花點心思學習回應的方法但仍然相對單純，因為離真正的性的本身還有一段距離，性發展知識的補充就可以快速改變家長對性尷尬的感受，而只要家長有自覺，同時給到他們好的支撐，想與原生家庭不同的本能，會激發愛的能力與學習的意願。給他們好的支撐與能力的建構，家長的轉變與孩子的回饋都是極快速而正向的，兒童階段，孩子隨時準備原諒你與愛你。

　　然而，如果之前沒有暖身與鍛鍊，青少年階段，親子間才來面對性的衝擊，關係硬生生斷裂，是我年輕時常見的畫面。

　　寫稿時許多畫面閃現，都是哀傷。

　　以下就是我上次上課前正在寫的稿子，那是很多傷心的故事，很多受傷的現場。

　　上個月有一個機構跟我聯繫，這機構的工作目標是協助已發生性行為的未成年孩子的家庭，如何整合社福單位與家庭的力量，來協助青少年們面對性行為的後果，而這個後果包括懷孕的處理。

　　社工主管打電話給我，他希望我幫他們社工們設計訓

練，訓練的主題是「如何協助社工對家長進行有效的性教育來幫助青少年的家長調整他們的性價值觀」。

這個題目很清楚的說明他們的目標與所面臨的問題，也就是他們希望透過性教育給到家長，能夠讓家長涵容少女、少男們所面臨的性行為或懷孕狀態，期望家長能夠提供給少男、少女在面對意外懷孕的這個狀態，多一點包容與多一點陪伴。

以這個題目邀請我，顯然他們面臨到的問題就是家長做不到這一點。社工主管告訴我，他們所面臨到的困境，也就是雖然青少年男女的家長到社服單位後，機構都會替他們提供基礎的青少年性發展的性教育概念，但效果有限。社工們發現無論怎麼樣讓家長去理解少男、少女發生性行為的過程，及當中複雜的心情與困惑、還有需要建構的能力，但有些家長並無法轉到這樣的位置來理解他的孩子。而有些家長會有很激烈的反應，包括突然決定不管孩子的意志就送孩子去宗教寄宿學校，完全隔絕他現在的生活圈，或大量的批判指責、甚至介入學校的安排想拆散孩子的愛情關係，或嚴格限制孩子的行動、甚至電腦與手機的使用，這往往會造成孩子更多的叛逆或者是更危險的行為，或者觸發憂鬱的狀態。

「老師你知道嗎？」這個社工督導告訴我：「這樣的家長很多是高知識或高經濟水平的家長，我們很希望改變這個情況，因為知道這個情況對家長、對家庭、對孩子都不好。」

她告訴我：「但社工們很無力，所以老師是否能督導

我們，看看我們目前給家長的性教育是否有任何可以改善的地方，或是教我們如何對家長進行更有效的性教育，希望能夠調整他們的性價值觀與看這些事情的觀點，給孩子多一點理解而不要做出這麼決斷的決定。」

　　我記得那天，我是躺在我辦公室地上接電話的，當他描述所遇到的問題時，那些我年輕時協助過的青少年與家庭，因著依附關係本來就不穩固、加上家長與孩子面對青春期發展中叛逆的張力、加上性價值觀的對立、家長跟孩子跟老師甚至學校各自的情緒的張力，混亂的能量場，需要在我身上涵容轉化成能理解、能靠近的力量，那種強度，到現在，我的身體還記得。

　　有的時候我們能做到，我跟青少年跟家庭或老師們能一起做到，漫長的歷程，我們有那種一起逃過世界末日後的重生感；有的時候我們無法，看著必須發生的斷裂，年輕的我承受著巨大情緒能量衝擊，必須顫抖相信～～我交托並相信生命的力量必有出路。

　　通常，不在乎的是孩子、放棄我的是家長。顯現出不在乎關係的是孩子、放棄跟我一起努力的是家長。有些父母，他們把孩子交給我個別諮商，讓我成為替代性父母，在青春期這個超級難的階段，讓我陪伴他的孩子度過，直到成年後，孩子脫離失序慢慢找到自己，而能重新回到與爸媽的關係，再度修復，很幸運有機會藉由那時是孩子現在是青年或成年人的個案，持續的與我分享生命的轉變，現在我深深的相信生命力量必有出路，不再顫抖。

　　但有些父母，雖然把孩子塞進個別諮商，甚至說「多少錢都願意付」，但，希望透過我監控著孩子，或是期望我有神奇的魔法棒可以快速地讓他的孩子停止他們心中無法接受的性問題行為，然後讓生活回到常軌。而當我無法快速符合他們的期待時，有時家長會插手決定將與我已經建立起關係的孩子，轉案到其他有名的心理師手上。家長必定相信他們是為孩子作了最好的決定，但，我所見到的，不只是與我的關係斷裂，再一次孩子關上了心門、閉上了嘴，我們共同承受著哀傷。

　　那天躺在地板上，聽社工的訴說，那連結斷裂的巨大能量的印記，仍然，深印在我心底與身上；經驗著，這一切，讓我保持敏銳，理解正在發生的事。

青春期家長的傷痛

　　我跟社工說：「你們需要的不是訓練，你們弄錯方向了，你無法讓正在嚴重受傷的人學習新事物。方向弄對，你們就能夠處理了。」因為這機構的社工專長的能力是創傷處遇，所以我只需調整他們看創傷的角度與對象主角，他們就知道該怎麼做了。

　　我告訴他們：「家長中，一定有一些是你給他們上課後，他們就接受了積極改變的。」社工督導同意，並舉了一些例子說明。「而這些讓你覺得難以調整的家長，你必須知

道他們現在正嚴重的受到創傷，受到『孩子不符合期待』的傷，而這個傷，傷及了他的面子、他成為家長的自尊，他希望他沒有這樣的孩子……切割，是常在孩子性上面的發展與家長期待不同時，很容易看到的現象，這個時候不是教育家長，而是同理他們受創的自尊、價值觀受衝擊的痛苦、無法以關係為主體而陷入問題為主體的狀態。送走孩子，是為了解決問題，不是為了修補關係……但確實，也是出自沒有其他的方法。這種情況不止早戀或性行為、或懷孕，各種在性上面的議題，只要不符合家長期待都可能出現。」督導發出原來如此的理解聲音。

　　而青少年的性，家長在孩子還小時，沒有決定跟隨孩子調整姿態與價值觀、學習拓展自己來面對，現在面對性價值觀的衝擊，就如同我之前說的「筋長一寸壽延十年」，拉筋要很多暖身逐步發生，太過突然的動作會讓筋應聲斷裂。所以大家在之前的課會一直聽到我說反思性價值觀的重要，到了青春期真正開始進入性的世界，性價值觀不是你家的私事，這是全社會都可以品頭論足把你們一家說的體無完膚的。我們不會少聽過，鄰居間傳言誰家閨女如何，誰家誰劈腿……而且多半最不堪的評論的主角都是女性……，而且罵的不會只有孩子，會連家教一起罵進來。價值觀殺人的例子，我想大家很容易找到，因為性自傷、自殺的故事，我就不用多說了。

　　我跟督導說：「家長需要的不是教育，是療傷。看起來再堅決的家長，你沒看見的是，每個夜裡，他們暗自流的

淚、嘆的氣、抽的煙與自責，與害怕被評論、害怕因為孩子失去現在的所有、害怕自己無法承受社會輿論的壓力。更害怕自己沒有勇氣站在孩子身旁，更不想看到自己會是那個最傷害孩子的人……」

我想起很久以前，一位心理師朋友跟我聊天中提到：「我個案是同志OK啊！我能接納他，但如果我孩子是，我打死他……」那天他對著我聊天時眼眶泛紅～～

這是我很常聽見的，「偽價值觀澄清」的說法，但說的人往往是一派事不關己的輕易，我也習慣了不再跟對方辯論價值觀是無法以知道來做到、接受或涵容的。但眼眶泛紅～～這是發生了什麼事呢？

他沉默了很久，面對著我直接的說出內心很深處的焦慮與恐懼，我聽著他說那些痛苦的背後是怎樣的心情，「孩子想做自己，但，他能知道他將面對怎樣的未來，歧視、異樣眼光，一輩子只能活在陰影中，不能結婚，不能有後代，做自己有那麼簡單嗎？」

而事實上我朋友知道他孩子聲稱自己是同志，「孩子為何那麼自私，只想到自己，他一路成長，我們做父母的為他改變了多少，但，他有想過我們嗎？我沒有辦法面對這個世界將會怎麼看我，身旁的人會怎麼評價我，我到底做錯了什麼有這樣的孩子？他為何不為我們努力去改變自己，嘗試去醫治自己，我的人生要做怎樣的轉變，我想怪他自私，但我知道他不是故意的……」

他痛苦地說出所有憤怒與不接受後，流著淚說：「我

要怎麼不失去他……」

　　想起這段經歷。我跟督導說明「期望以教育家長來轉變家長的態度，是告訴家長他是錯的，在他傷重的時候還要求他要像個成人要愛他的孩子，才符合期望、才能讓我們的專業工作好做一點……而很多傷得最重的家長，就是那些盡全力在遵守社會期待的家長，壓抑了自己許多原始本能，希望做個聽話、符合社會期待的乖小孩。面對孩子的放肆，還要他不能生氣、憤怒、受傷，還要他接受，實在是太強人所難了。」

　　記得第五課，那個很簡單雙關語的例子，記得我跟家長說的話嗎？當他說他很茫然困惑不知道該怎麼做時，我說「我看到你正在學習做青少年的家長，你做得很好，你能跟他同在、而不是全知全能，因此你才能學習相信他……」意思是，青少年的家長需要在協助下，梳理他的傷、他的痛苦、他堅持了那麼久的價值觀與對孩子的期待被嚴重的傷害，這些必須要能夠被聽到，被理解，而經過協助，他要能有機會跟孩子說出他的無助與害怕，家長的傷被聽見，孩子的傷才有機會被涵容。

　　反之，對青少年來說，在成人的協助下開始學習承擔行為的後果。是的，世界不完全是友善的，有些人對瞭解你沒有興趣，但對攻擊你、酸你、八卦你很熱衷，而與性有關的事常常會有後果，無論是觸法、懷孕、性病、心理、生理受傷、輿論評價……。然而，這是寶貴的學習，學習度過痛苦、你會感覺對生命失控的害怕少一點，意思是如果這些可

以度過，學習承擔行為的後果，你負起了責任也會感覺自己的力量。然而，成人／家長得學習不把對於孩子的評價與後果連在一起，比較麻煩的是，成人常用各種方式想讓孩子不用承擔後果，成人不讓孩子承擔後果，但卻對孩子不信任，或加以極端負面的評價在他身上，或是教孩子維護自己權益，將過錯推到別人身上，這才是最傷害孩子的……

對人負面的評價會傷在人格上面，孩子會回應出你看到他的樣子。

行為的後果很沉重，面對、承擔、度過，會讓重擔因自己的力量增長而逐漸減輕，人生繞道而行，卻沒有人知道誰踩的才是捷徑。

所以回到青少年無法被成人接受的性行為樣貌或懷孕，家長的創傷如果能被支撐療癒、而孩子如果能在被支撐之下能聽見爸媽的傷與無助，爸媽也能在被支撐下聽見孩子的經歷與感受，價值觀有機會鬆動，是因為，聽到彼此內心的聲音，喚醒每個人內在希望被以自己／這個人的角度被看見，而不只是以行為、成就、角色、符合期待、被衡量評斷，而你會知道，即便伸手不見五指，愛被許多痛、或是自己身上的傷或彼此砍殺的傷層層掩藏，但黑暗中還是透著光。

請原諒我，用最抽象的方式來描述治療的概念，因為，愛的動人與恩典，是一種哲學，是無法操作得來的，與更多的是內在無法逃避或假扮的感受，且能勇敢的為愛站出來。

家長需要幫忙才能接納自己、涵容自己的痛苦，孩子有這樣的信心知道在爸媽眼裡自己不是壞的。設限，就不會只是成為叛逆的媒材，設限，是讓你知道真相後為自己做選擇。

未成年孩子發生性行為怎麼辦？

1. 支撐專業人員

讓我以未成年人發生性行為／懷孕為例，說明系統合作的目的與作法。

首先，跟我合作的機構，他們的團隊必須是經過荷光團隊的基礎性教育訓練，並有系統合作的概念，也就是明白學生的問題不是某一個老師的事，夥伴們會一起找到共識合作支撐彼此、安頓彼此的情緒，同時諮詢專業資源支撐，事情發生的初期越多專業心力的投入包括諮詢專家，越細緻的處理，越能增進在其中合作的夥伴的自信與勝任感，也許一下子無法達成，但願意盡量朝向專家建議、團隊思索後決定的方向前進。

如果學生發生性行為、未婚懷孕、性交易等行為，無論是因為什麼原因被老師知道，學校依法必須通知家長，通常學生都會希望老師不要跟家長講，那是很正常的反應。如何協助學生信任輔導人員，這就是每個心理師的專業技術與系統合作的信心與能力的整體呈現了。許多年輕的老師，包

括我自己年輕的時候，會因著情勢被迫必須做出某些決定，給了個案希望，卻是自己一個人能力做不到的事，因著這樣的過去，青少年性諮商專業訓練的重點有一個部分就是「系統合作」，心理師建構對協助個案更有效能的工作環境，努力讓自己能擁有系統支撐，是非常重要的事。

2. 支撐孩子

對青少年本身，專業人員的工作，就是協助青少年們從他的經驗中，找到可以學習的媒材。比如說：學習認識自己、認識性、認識關係、認識愛情、認識性怎麼發生、認識自己的性價值觀、認識與他人價值觀衝突時怎麼處理、認識性邀約的發生方法、或是理解自己的慾望且學習控制自己的慾望、認識失戀怎麼處理、認識怎麼生養孩子、認識要怎麼成為父母的角色仍能擁有他的人生（這裡指的是青少女懷孕的少男少女……從他的經歷中，引發他學習了解性與自己的動機）。而性，往往是很有利的建立關係的主題，因為，青少年都非常需要有人能跟他討論，即便他裝成很老道什麼都懂、或是偽裝一點都沒興趣的樣子。

另外，學習負責面對，由我們示範承擔失望的情緒的作法。我們跟他討論需要告知家長的原因，接受他不滿的情緒，給他時間消化我們無法保密的原因，與經歷對你的失望，同時，請他說出他的擔心，一起討論應對的方式，及與家長見面時有可能出現的狀況，與心理師這邊會採用照顧雙方的方法，與他一起沙盤推演，家長的各種狀況心理師與系

統會怎麼支撐他，陪他度過，陪伴孩子去經歷即將面對家長的焦慮，與對於自我揭露的懊悔情緒，與對專業人員通報家長的不滿，同時協助他雖不情願但願意在協助下嘗試面對，這就是成長的歷程。

3. 支撐家長

通常我都會建議找我諮詢的學校，告知家長前，當天至少要預備三位輔導諮商人員待命，並且由導師通知家長一早跟著學生進學校，學生由一位心理師陪同在一間諮商室，再次處理面對家長知道他的處境後會有的反應，他可以怎樣應對回家後會面臨的問題，他可以怎樣處理，如果無法承受可以求助的管道。家長由另一位心理師陪同，告知發生的事，由心理師充分同理家長的震驚與受創的感覺，協助家長梳理聽到後的各種感覺，安全的宣洩，通常，家長因為想維持成人的自尊，情緒震驚後崩潰會有層次的，通常出來各種情緒後，有的家長會收起他的情緒說他可以面對了，想跟孩子見面，看事情該怎麼處理。請記得，多給家長幾次宣洩的週期，邀請他多說說憤怒、受傷、痛苦、失望……，也許要到過中午時分，力氣用盡，也餓了，情緒也抒發得差不多，我們才開始替家長準備好要怎樣跟孩子見面，一起談彼此現在的處境，以及如果見面的現場情緒失控時，老師可以怎麼幫助他表達他想表達的，如果回家後情緒又起來的時候，他可以怎樣安頓他自己，想到這些事，情緒很難承受時，可以跟自己說，明天學校找老師談，如果要跟孩子說話的話，可

以說什麼，提醒現在正在急性的創傷中，把情緒留到在專業人員這邊處理，可以減少不必要的創傷，這樣可以加速事情的轉變。希望在這個過程中，因著專業人員妥善的涵容與支撐，讓家長減少一個人獨自面對的無助感。

在訴說所有的感覺，被接納，甚至協助他表達出自己無法面對的憤怒與攻擊，被涵容了，心就有鬆開的機會。希望在涵容的過程中能讓家長看到，所有的痛苦的背後無法忽略的是愛，當他充分被支撐，愛比較容易出來，因為他也被愛著，而不是被怪著。如果是人格脊椎嚴重受損的家長，可能需要幫助他建構具體的支持系統來支撐。

接下來，讓家長跟孩子一起談，有時候支撐家長的心理師與支撐孩子的心理師兩人一起即可，有時候需要第三位。談話的層次是這樣的：

（1）今天坐在這裡孩子要揭露不願意讓家長看到的事件的恐懼，而家長被迫坐在這樣的位置，彼此內在經歷到什麼？

（2）協助家長能夠說出，他所經歷的情緒的轉折，包括他能消化的、他不能消化的。

（3）協助孩子說出不敢讓家長知道的這段時間的經歷。

（4）協助孩子說出，事件揭露至此他害怕面對的狀況。

（5）協助家長說出他害怕情緒起伏的狀況，討論可以
　　　怎麼安頓自己。

（6）家長問孩子他想知道的事。

（7）孩子決定他想告訴家長多少。

（8）回去後有可能出現的狀況，其他人知道時，怎麼
　　　支撐彼此？

（9）緊急求助的管道與方法。

（10）開始討論現實需要處理的狀況。

　　心理師在其中的重點是平衡家長與孩子的位置，避免孩子變得無能，讓家長在做決定時，容納孩子的聲音。家長很容易想幫孩子解決，且認為孩子就是會犯錯，沒有做出好的決定的能力，必須要由他替孩子作決定，並且對孩子失去信心，這樣的心境，對孩子的發展與親子關係沒有幫助。協助家長看見，在協助下，孩子有能力面對他自己、承受你的情緒，讓孩子參與他自己的行為的後果，且決定怎麼承擔是重要的。以上的努力，是因為我對孩子發展的希望。

　　因為我不知道，我的孩子未來會面對怎樣的生命安排，需要我挑戰自己的極限到什麼程度才能接納他，但，在成長的過程中，我想保有他探索世界的熱情、對自己的好奇與相信，我希望他愛自己，知道自己是善的，有一天當世界對他不友善的時候，他知道放下渴求那些評價他的人認同他，去找到那些願意真正理解他、看見他的人。而如果我的愛有限制，我希望他放下我，知道是我的限制，學會相信他

自己。

　　人生一遭，最值得恐懼的是恐懼的本身。

愛的設限

11~16歲孩子性發展的青春期／摸索期（中）

衝刺　翻滾　跳躍

完美地降落

每個屏息瞬間

你作為單槓

撐住我們堂皇的懸念

上下擺盪的心

步步迂迴　堅定向前

　　第六課上完不知道大家有沒有開始感覺到，要成為青少年的家長是非常不容易的呢？今天是我寫稿這麼多天以來頭一次，一個早上半個字都寫不出來，感覺到有一種莫名焦躁與急迫感，原本以為是因為好幾天沒放假了，於是我去逛了市場買了一堆東西，但這個情緒仍然沒有消失。從一點到下午四點，我坐在電腦前發現，腦中發現無法下筆的原因是因為，要陪伴孩子度過青春期，需要具備的知識太多了，青少年面對的人生與性的挑戰也超級超級多。

　　基本上青春期可以說是某一種爆發期，性嬉戲、性語言、性好奇、性探索、性暗示、性行為，身體意象、暗戀、表白、被拒、戀愛關係，面對吃醋嫉妒占有的情緒及當中複雜的人際狀態，性騷擾、性挑釁、性侵犯、異常性行為、自慰、色情媒體。

青少年與家長面臨的考驗

　　而在這個階段的發展，比起兒童時期，青少年更有能力運用複雜的心理能力，像是小團體說小話、八卦、抹黑、造謠、嘲笑，或運用生理優勢，像是打人、以身體姿態造成威脅感，用這些能力來掌控、攻擊、排除異己、來滿足原始的需求，感覺力量與操控，意思是除了性發展，青少年得面對人際間複雜的狀態與產生的壓力，同時，逐漸與家長或師長分化，練習著開始為自己負責。心理狀態在感受自由與掌

控自己間擺盪。衝動、冒險、對青少年們來說，是一種感受自由、擁有自己與活著的感覺。然而，青少年們也很希望能相信自己、能掌控自己來感受自信、感受自己已經像個成人，在這個發展階段是無法體會「成人」是一個逐漸歷練出來的過程，青少年有時會對自己有不切實際的期待，得到的自然是挫折或硬撐，也吸納了大人失望的眼神來評價自己，很多時候是失去學習的動機、躲進電玩世界或放棄自己。

　　青少年也開始面對各種誘惑與挑戰，色情、性、幫派、毒癮、酒精、菸等。另外，孩子快速地在學習適應同儕的文化，而這個文化是家長所不能理解的。家長可能只看到那個文化的結果，無論是迷戀偶像、穿耳洞、鼻環、奇裝異服，或是你就是知道，這個人際圈對孩子產生某種很大的掌控力，那個掌控力把你排除在外，你很擔心孩子不知道交了什麼朋友但卻又無法介入，還有課業壓力的增加，如果你選擇的不是另類的學校或體制外的學校的話，孩子的課業壓力會突然暴增，每天在學校或是需要應付學校的課業的時間是非常多的，而這意味著你跟他相處的時間越來越少，而這個時候你的重心也很容易轉移到其他的事務上。

　　不知不覺跟孩子相處的時間都是在問成績，或是即便看起來像是關心他的發展、他面臨什麼人際困境、他是否快樂、他的興趣是什麼，很多時候家長不自覺的，以他跟你分享的內容來評斷他花太多時間在朋友上、他花太多時間在感情上、或是在他的興趣上應該要控制，需要將心思轉回學業上面，逐漸的，可能在你沒有發現以前，孩子就已經不再跟

你分享自己了。

　　而以上種種青春期的挑戰，孩子跟父母都會快速地累積著對彼此的失望、挫折與無能為力。在這重重的挑戰中，大大地考驗著孩子與家長的關係。

　　因此今天，我深深地認同了家長的焦慮。這時候的依附關係為主體的親職性教育，依附關係所需要的能力，已經不再只是涵容孩子、聽懂孩子，當然這個是最基礎的鍛鍊。但如果家長，對於怎麼看待學習這件事沒有自己的哲學，對於愛情不了解、對於失戀不了解、對於人際互動不了解、對青少年在面臨的焦慮不了解，孩子也開始不再依附你，更願意去找其他了解他的人，這是分化自然的歷程，也是許多關係斷裂的開始，而家長是束手無策的。

　　因此我也陷入一個兩難。原本想跟大家分享我陪伴我孩子進入青春期的歷程，但突然，我覺得講不出口，因為心理學的專業與25年性諮商專長的基礎，讓我可以輕易地陪著孩子成長與面對她的性，我有能力選擇我相信的教學系統自主學習，而我的孩子也既獨立又健康依附我的成長，現在她仍然認為我們是最好的朋友、我是她最好的顧問，她會跟她好友說，有性的問題可以來問我，她會替我穿著出主意，也會恥笑我的無知，或指出我的錯誤、同時她也接受我的教導……而這一切我所能自然做到的並非一般的家長所能做到的。

　　所以我花了很多時間思考，如何以「不再增加青春期家長焦慮」的目標來上這堂課。

愛的設限～在孩子性發展的青春／摸索期，親職性教育要學習的是面對性價值觀衝擊下的涵容能力。以依附關係為主體的性教育生涯規劃，到了青春期，幾個心理狀態讓我們持續調整依附關係發展的方向，準備往孩子即將是成年人，你們即將轉變成是朋友的位置前進。

　　首先，如果你是青少年家長，你們一定看過許多文章提醒你，哪些話不要說哪些事不要做，避免破壞關係或被青少年討厭，這個部分大家當然可以參考，作為與青少年相處的技巧，補充相關知識。

　　然而回到親職性教育生涯規劃主體是家長，轉過來思考自己與孩子成長分化的歷程上，如何因著發展階段的轉變，改變自己的位置，調整自己面對青少年發展的哲學，學習安頓自己的情緒，學習新方法應對，讓自己跟孩子充分被支持仍然是最重要的。這樣才能使得依附關係更為貼近發展的需求，是我們的目標。

家長需要培養哪些能力？

　　以下是我多年專業經驗與身為青春期孩子的母親整理出來幾個提醒給你參考：

　　關於青春期孩子的家長，與孩子建立關係時，要隨發展階段所需建構的能力與自我心態調整。

　　第一，首先你必須認知到成為青少年的家長本來就是

一件高難度的工作，無法一次做對、需要在做中學並且需要許多繼續教育是正常的。「承認我不懂你、我傾聽你」，在青少年叛逆期要保持與他們的連結會挫折是正常的，被拒絕是難免的。情緒衝突必須視為孩子在表達「你不懂我」，家長們不如就坦然地接受孩子說的那句話「你不懂我」，以我剛剛描述的，「是的，你不懂他在面對的一切，這是再正常與自然不過的事」。不懂、不任意給建議、傾聽是尊重孩子的狀態與給出你揪著心的相信。

第二，找到可以與孩子連結的多元方法。如果你能嘗試了解他現在所投入的興趣嗜好與青少年的文化那很好。我確實是因為我女兒才發現她所迷的少男、少女團體，有他們厲害的地方，但如果那不是你的喜好也無須勉強，每位家長都會找到他與孩子連結的方法，但絕對不是嘮叨，或是管他的功課，或是各種你期待他表現得讓你滿意的管教。

有位家長跟我說：「為孩子煮他喜歡吃的東西，是我表達愛的方法，以前衝突很多，……（這個我就不多描述了），我現在會開心地問他，想吃什麼，而且帶著愛煮飯，我們一起享受吃飯的感覺，讓我們關係輕鬆多了，而且我會徵求他的意見，給我建議可以怎麼改善。而且，帶著愛煮飯的感覺讓我很開心，我也很有興趣的去上甜點課，後來他不見得回家吃飯，有時他更想跟朋友吃，我都會讓他帶著餅乾去跟朋友分享，對我來說，我不能幫他但我想讓他知道我愛他。」

一位父親因為孩子總是在學校打架鬧事，親子關係很

緊張，孩子完全無法讓爸媽靠近，爸媽決定讓孩子休學，全家一起騎腳踏車進行公路旅行三個月，孩子從原先非常不情願，到後來能在其中挑戰自己、戰勝父親，且當疲憊到不行，腳痠爆時接受母親的按摩。

　　我想在這邊加入冒險教育對青少年的重要性，很多年前，在青少年第一現場工作的我，當時就明白對於當代的青少年來說，諮商的助益是有限的，教練的角色更適合青少年發展階段的需求，青少年需要大量的肢體活動，成人給予適量的挑戰，並且在旁協助引導、鼓勵他挑戰自己，加上大自然時常會出現各種無法控制的因素，他必須學習控制自己，同時與夥伴一起挑戰自己，看到自己能夠達成的那種感受，油然而生的自信與成就感，會讓人想再挑戰自己、會讓人有動力再去體驗再去學習。依循這樣的理念，目前荷光團隊中有專長冒險教育的心理師，我們正在開發冒險教育、性發展、性教育與全人教育結合的方案。關於冒險教育請大家參考亞洲冒險教育學會（http://www.asiaaee.org/）相關資料。我極力推薦家長與想做青少年工作的心理專業人員，了解冒險教育的相關資訊，作為累積自己與青少年建立關係的基礎能力。

　　因為在我多年專業經驗中體會到，與青少年工作在形態上需要多元化、創新符合青少年對新鮮、刺激、新奇事物好奇嘗試的心理狀態，讓與青少年連結的方法產生多種可能性，更能適合每個青少年獨特的狀態。而與青少年工作在角色上也需要多元的形象，心理師、教練、父親形象、母親形

象、陽剛、陰柔特質等多種角色樣貌融合，在青少年發展所需要的能力上有更多面向的建構。在與青少年工作的內涵上需要包括身體意象、體能、心理發展階段的能力、心理素質提升與靈性的結合是重要的，才能為青少年全面的拓展學習面對自己與生命的能力。

荷光青少年性諮商團隊在各種活動中帶著青少年學習，團隊開發《塞可斯性教育桌遊》，運用在各種場域，個別諮商、團體諮商、與團隊活動。比如：在「變身青春達人～一次搞懂青春期必備的身心性健康知識」的課程中，運用桌遊以青少年發展階段會遇到的各種愛與性的活動中，以知識作為媒材，創造活動重點在於引導體會情緒、覺察自己、反思、表達、回應、發現自己等提升心理素質的能力。而在團體活動中的人際現場是一個即時且有建設性地學習人際互動能力的場域，由心理師帶領他們學習在人際間的各種衝撞，如何安頓自尊、安頓自己的情緒、練習人際能力、有困境時可找師長諮詢，讓青少年必然會有的人際議題，在團體活動的過程中一起學習，更在這個過程中，協助青少年體會求助是能力而不是示弱。

第三，向青春期冒險精神致敬。青少年旺盛的精力，「冒險」與「挑戰」在這個階段別具建設性意義。家長不如自己也做些挑戰自己的事，讓青少年看到你時會覺得你也在改變，你也在進步。換句話說，這個時候與其花許多精神在關注孩子，或許把心神轉回來在青少年這個階段，調整自己讓自己接受新的事物，讓孩子每天看到你是充滿活力，對這

個世界充滿好奇的。而不是看到你時，看到的就是你因為擔心他，皺著的眉頭。可能他也許嘴巴不會說，但心中會減少原先對爸媽形象期待的失望，對你身為家長角色多些正向的觀感。

　　如果每天你為生活所苦，忙碌、疲憊壓力很大無法快樂，孩子跟你也在同樣的狀況，被課業壓得喘不過氣來，你每天面對的只有業績，孩子面對的只有成績，他從你身上看到對未來的無望感。

　　跟著孩子的發展一起成長，是親職性教育生涯規劃的主軸精神。

　　第四，從你開始健康地跟孩子分化。理解青少年發展階段分化的需求與益處。從自己開始跟他分化，開始把自己的人生過好，真誠地去把你的人生活得是你想要的樣子，示範給孩子的是，他也必須思考，他的人生對他自己才是最重要的。

建立性教育依附的支架

　　第五，依附的支架／性教育依附的支架。替孩子預備在成長過程當中有除了家長之外，其它他願意相信與接近的成人，我覺得是很重要的。意思是青少年是需要有成人跟他對話的，但那個成人不見得是你，這是很正常的。如果你知道你孩子願意把他的祕密跟叔伯阿姨說，卻沒告訴你，你可

能覺得受傷，但問問自己，青春期時的你，又何嘗願意把祕密告訴爸媽呢？在前青春期或青春期開始時，為孩子建構家長信任的成人可跟孩子提供依附暫歇的關係、允許他逃離的空間，同時能把那樣的關係與空間，真正給到孩子而不是一個監控。這說明著家長接受青少年階段叛逆的情緒是自然的，接受青少年與家長的關係難免會有張力，有的時候不一定能在彼此間解決，如果有需要能讓雙方都在被支持下舒緩放鬆，再回來面對，也許雙方都能看到不同的可能。這對幫助你們度過青春期是一件有助益的事。

為你跟孩子建立支持系統，這是你替自己準備的空間，當那個無法接納孩子的時機出現，你跟孩子都在經驗被衝擊時，能有安心的成人支撐護持著你們。

國中生與家長──兩代性福對談

關於青春期孩子的家長與孩子建立能夠談性的關係，對於青春期前沒有跟孩子建立好談性關係的家長來說，即使家長有意願，但卻無法自己達成，這是需要許多系統支持才能真正落實的。

讓我以一個近乎完美的系統說明青春期家長需要為自己建構充分的支持。前幾天，我去帶了一個80分鐘的家長焦點團體，這個工作是為了接下來在一所國中進行「兩代對談」的活動。這個活動已辦理十年，「兩代對談」的進行方式是台下坐著的是全八年級五百位左右的學生，台上左邊是

二十位家長代表右邊是二十位學生代表、台下會有五位畢業生代表，以90分鐘進行家長與孩子都關心的愛與性議題的對談。

　　十年前這所國中團隊提出這樣的想法，我心中雖然知道這是難度很高的大工程，這群優秀的老師，他們敢於嘗試創新的方法喚醒家長的親職教育與親職性教育的看重，並對此有著深切的期望，深深感動我，因著他們的決心我們堅持了十年，不斷地修改活動的設計，期望能更真實地體現，親子性溝通的難，而在系統支持下能體驗衝突與連結。然而，這真的是一個高難度的工作，大家想像一下，如果沒有經過精心的設計、團隊的支持，家長與孩子能平和理性地交換彼此對於性跟愛的觀點嗎？我必須在事前，能讓家長與孩子在關係上早已累積的不信任，加上性與愛戀議題必然的焦慮與衝突性，能經由我釋放轉化，還有能力在專家支撐下戰戰兢兢的學習新的連結方式，而軟化對立。

　　通常，家長表達方式都是擔心與期望，孩子表現的都是挑釁與不屑，或是為了挑戰家長，會任意拋出尖銳又直接的問題，讓家長無法招架、甚至被激怒，以至於家長會不斷地講大道理來說服孩子思考不周，並以「孩子的行為表現不像個大人所以無法給出信任」，來下註解。而在這樣要學生表達意見的現場，又不能講樣板話，或是讓老師在旁邊管秩序，或限制他們言論，因為這樣就失去這個活動的真意，不但無法聽到青少年心聲，又讓他們經驗到為了成人的需求被強迫配合演出。然而，又不能要家長不說教，因為這是家長

為了安撫自己焦慮所習慣性跟孩子互動的方法。

我們常跟家長說要跟青少年溝通，然而，從上堂課的內容，大家會知道要傾聽是難度很高的事，怎麼說，能夠讓青少年聽到你的心意，而非只截取到家長對孩子的不信任與挫折，實在難度很高。

該校老師不因升學制度的影響，對於學生五育均衡發展有堅定執行的決心、同時希望能陪伴孩子面對青春期的性愛挑戰，因此七八九年級融入教學自尊、愛情與性健康系列課程，校內整合健康教育、表演藝術及綜合等三大領域，設計60堂課，七年級教學生身體界線，瞭解如何自重自愛，八年級建立情感支持系統，舉辦班際辯論比賽，並結合表藝課舉辦「兩代性福影展」，透過戲劇表演讓學生思考感情問題，同時也舉辦「兩代性福對談」，這個部分是我帶領該所國中與荷光團隊指導設計的，透過畢業校友、學生及家長的對話，讓學生瞭解情感風險管理及談戀愛如何分手等，九年級則教導多元性別，讓學生接納不同性別、性取向。學生透過這樣的課程學會了愛自己與愛他人的能力，如果有感情上的問題也知道可以向誰求助。

這樣的心意是送孩子成長很大的禮物。

然而，在九十分鐘當中討論「性與愛情」這個家長一定會嚴重過敏的題目，要讓青少年能夠講出心裡話，家長能夠放下身段去傾聽，實在是一個很大的挑戰與考驗。

傾聽瞭解孩子的性

　　為了讓台上的溝通能夠順利進行，所謂「溝通」是你說我能夠聽到，我說你能夠聽到而不是自說自話。事前都要對家長進行兩次焦點團體，目標是如同我上堂課跟大家提到的：轉換家長的位置，調整他的身段讓他變得柔軟，願意放下管教孩子的焦慮能夠傾聽與陪伴。同時我團隊中邱雅沂心理師也會負責跟孩子們進行焦點團體，讓他們有機會在跟家長溝通之前先說出他們的心聲，然後學習理解家長的難處，並且相信主持的心理師會協助他們說出他們心中的話，而不需要用那一些挑釁、沒底線的性語言，來表達他們心中對於家長無法陪伴他們度過青春期性風暴的不滿。

　　事前準備工作的目的，是建構要靠近彼此的能力。

　　這個課程得過許多獎也接受過許多採訪，在90分鐘之中，從先前的對峙、激烈地表達意見，在我跟邱雅沂性諮商師協助下，雙方在情緒表達後能嘗試理解彼此，最後能夠軟化彼此的心的，都發生在家長們願意放下說教與不信任、承認孩子面對性與戀愛的焦慮很大，讓自己無法陪伴孩子，為自己將不信任與焦慮不斷丟在孩子身上而感到抱歉，家長很希望自己是夠好的父母，給孩子成人的典範，然而面對青少年的力量忍不住想掌控，其實內在感受到的是無力與不知所措，家長的真誠會軟化孩子已逐漸放棄親子關係的心，孩子能在台上說出對家長的愛的渴望，渴望的是陪伴。每一屆我們都會在台上陪伴著孩子從控訴著跟家長說「我不要你的陪

伴，因為你說尊重卻仍控制／你說相信卻不給我時間相信我自己……」，到最後，聽到青春期的孩子說出「是的，我需要你的陪伴，我需要你相信我，陪著我，給我時間摸索，在我還無法滿足你的期望的時候，不放棄我。」這個歷程，在現場的每個人都很辛苦，但，願意真誠的力量，創造了連結，見證這個歷程讓參與其中的我們，非常感動，愛從沒有希望隔絕彼此。

然而，能達成這樣的工作，學校系統十年整體的投入，與事前預備的兩次焦點團體就變得非常重要。我陪伴著家長揪著心，並調整姿態、去體驗觀點衝突時仍不忘關係的重點是連結。我引導家長學習如何聰明地使用資源，陪伴著親子關係成長，支持家長在為孩子設限的時候，能保有著對孩子的信任，同時支持他們想要體驗長大獨立自由的意識。

認識青少年性發展

上週的家長焦點團體中，有兩個家長紛紛提問，他們說他們的孩子開始對於女性胸部的圖片或是形象有興趣，而且會跟其他同學交換照片品頭論足，家長覺得非常不適合，很希望兒子不要物化女性能夠尊重女性，也認為這樣會造成女性的性騷擾感，問我該怎麼樣跟孩子溝通跟他進行性教育可以改變這個狀況。

我先跟家長們解釋了青少年性發展的自然現象，進入青春期10到15歲開始，孩子們會感受到越來越清晰的對性的

好奇，有的人是自己探索注意街上的廣告圖片、或女性的穿著，有的人喜歡跟朋友成群結隊地拿女性身材胸部胡扯，一群小男生毛頭小子指著其他女性品頭論足，說這一個胸部大、說那個胸部小、說哪個胸部是假的，在這個過程中他們得到的一種普同感，就是，「我不是變態、我的好奇其他人也有耶」；「我不是色狼、別人跟我一樣也會想要盯著胸部看耶」；「我會很興奮、很好奇、甚至勃起，不是我一個人的問題其他人也會」。而在大家談話嬉鬧的過程當中，也才開始發現，自己雖然跟大家有普同感，但是也有不同的地方，有些人好奇心所驅使出來的性慾強度，或是衝動而無法克制自己的程度，相較於我是高的，有些人相較於我是低的；而反映在實際的作為上，有些人會衝過那個界線，真正的去從玩笑變成觸碰或騷擾，有些人會發現自己在衝動的時候，仍然會因為現實考量而停止有可能觸法的行為。

　　每個青少年在這樣的過程中都在經歷社會文化的教導，跟他的好奇、慾望如何地互相交錯衝擊而產生的影響，孩子在過程當中也困惑，他未必想要跟其他同儕那樣，做讓人家不舒服的事，但要如何面對自己的好奇、或是拒絕同儕的邀約，而不讓自己成為被攻擊的焦點這也是非常需要拿捏的學問。

　　各級學校都有他必備的法治教育課程，但法治教育之外，孩子是需要有一個人跟他對話，幫助他釐清在這些過程當中的感覺與該建立的能力，而不只是評價他是錯的、是物

化女性的。男孩對性開始好奇、嬉戲、玩鬧，是很好的時機，為男孩開辦性教育團體，以他們對性的好奇開啟對話，以生理轉變的知識作為媒材，跟孩子討論他們所好奇的事，而在過程中協助他釐清自己的感受、思考人我界線。

家長們聽我講完之後紛紛地點頭。

這個時候有另外一位家長舉手問我：「老師我的女兒剛好就是那個會被看胸部的人，如果這些男孩子的發展是正常，那麼難道我的女兒就活該被看嗎？她正值青春年華，卻要我幫她買從頸部一直包到膝蓋的全身黑色的緊身泳裝，她說她不喜歡同學盯著胸部看，這是她避免被注意到的方法。」媽媽回應她：「即便你這樣穿他們還是會看。」女兒回答：「不管！你就是幫我買就對了！」媽媽跟我說：「我女兒青春年華卻只能穿這樣子的衣服不是那些男生害的嗎？」

青少女在發展的過程當中，很重要的關鍵是當她開始發育的時候怎麼看待自己的身體跟怎麼看待自己發育的感覺，這是一個很關鍵性的階段。許多女孩進入青春期之後自尊都會快速下降，因為在青春期之前她是可以自在地呈現陰柔與陽剛兼具、且自由不受拘束的自己，進入青春期開始發育後，大人就會開始要求她要像個女人，坐有坐相、站有站相、腳不能打開開、該穿什麼樣的衣服，同時開始發現身體發育會引來許多目光，卻不知如何回應那些目光，也沒學習到為自己的身體發育感到滿意與自信，面對那些目光或是碰觸，是會感受到被騷擾與受傷的。

除了基礎的性教育外，我建議學校可以為女孩開設青少女支持團體，讓也許在人際間有困難說出自己的少女們有個可以被支持的地方。這個團體可以讓女孩們有機會說說面對身體的轉變、性徵上面的發育與引來的目光時，心裡的感受與激盪可以如何處理，還有面對性好奇、或自己的情慾感受、吸引被吸引等等的這一連串的挑戰，一起激盪該如何面對這些經歷。在這過程中，可以讓少女明白生澀與不知所措地踏入性世界的她是不孤單的。

當情慾的感覺發生，如何面對？

同時，我們要開始學習當情慾的感覺發生的時候，如何面對。情慾的感覺可能是出現在你跟對方還曖昧不清的時候，甚至在你對他的感覺都還不清楚時，就有可能悄悄發生，這一些歷程或許在學校中的性教育課程上過，但也許有些女孩或男孩需要能說出自己經歷，並從中得到整理，才會更清楚自己，貼近自己的經驗。

無論男孩女孩都需要有好的支持，去協助他們面對自己的性好奇、性探索與情慾的感受，更重要的是在這過程當中幫助他們保有好的自尊。能夠讓一個人還不變成騷擾犯的，不是標籤他，而是讓他在性好奇當中覺察自己區分自己與他人的不同，並且協助他學習，當面對慾望時，適當的人際能力運用會讓他對自己更有自信；而能讓一個女孩，在面對青春期成長過程當中面對會吸引來男性好奇與慾望的目

光，能保護她的不是禁止別人不要這樣做，能保護她的是她愛她自己的身體，並且清楚知道別人的眼光是那個人的議題，她可以選擇去享受或者選擇去拒絕並且有能力去執行，具備這樣的能力，會讓他感受自己的力量。無論男女，面對情欲能保護自己的是建構適當的能力與良好的自尊。

因為這個學校7—9年級都有相關課程，師生關係都很好，學生也知道如果有困擾他們能求助的資源。因此，我跟老師說明，今天家長提問的激盪，真切地反映了青少年與家長的需要，主責老師立馬筆記認真考量除了課程教學外也能增加小團體的進行。家長也紛紛點頭，期盼學校能增加這樣的設置。

涵容衝擊，支撐孩子度過青春風暴

系統合作是重要的，無論我們怎麼強調親職性教育的重要性，家長要施行性教育仍然需要非常多的支持。放鬆自在地面對性這件事，不會因為你是家長，你就自然做得到。這個學校師長們對於青春期孩子性發展與性教育的理念堅持，讓他們會願意盡力支持家長做到陪伴自己的孩子，當我說出建議時，家長不是只留在此刻我懂了，趕快筆記、好像了解什麼安了些心，但回家仍要面對無法執行的困窘，而就把「性」這個沒有立即發生的人生成長議題先放一邊，直到孩子性問題呈現才來求助。

當我提出建議時，學校老師們會協助家長達成，家長需要調整心態，以不同的視野看青春期的孩子。十年累積出這樣的支持，才有可能在90分鐘，讓家長能因為自己的焦慮聽不見孩子的聲音，而能跟孩子抱歉；也才能讓孩子說出～我需要你陪我，但也請你相信我、尊重我、我需要知道你在。

　　而這個系統也支持著家長也示範著，

1. 承認自己的不懂。
2. 表達不放棄在性上面跟孩子連結的態度。
3. 像青春期冒險致敬。
4. 主導健康的分化。
5. 以學校系統建構青春期家長與孩子依附的支架。

　　跟大家分享這個學校的系統性作法，也想讓大家知道，這是花了十年耕耘出來的系統，意思是性教育的重點不是教材內容，而是執行的人對於性的涵容能力逐步成熟，耕耘十年等的是人才成長必要的歷程，也才能進展到，現在我真的只要出個主意他們就能執行。但要有這麼有決心的系統，並不容易，可能你等不到十年去耕耘，孩子已經長大了，所以，為自己在體系之外，找到能在性健康上面支持你的系統，你專注著調整依附關係的階段性發展，以性健康系統支撐你與孩子度過這段青春風暴！

　　荷光性諮商專業訓練中心旗下的芸光兒童與青少年性諮商中心也是耕耘十年才成立，目標就是提供學校系統無法提供的親職性教育支持。讓家長在我們的支持下比較輕鬆地

面對性,讓家長能在孩子的性發展歷程中不缺席,親子關係能全面持續成長,是我們的理念。

性,是愉悅也是挑戰,讓孩子擁有良好的自尊與性自尊是減少性造成傷害的唯一方法。

愛的設限

11～16歲孩子性發展的青春期／摸索期（下）

我不懂　長大的是你　苦惱的是我

活力充沛的是你　殫精竭慮的是我

青春的是你　為你青春衰老的是我

我最不懂的是

陪著你冒險犯難　再次青春的　是我

　　上一堂課，是藉由家長的提問，說明的是整個大系統合作的概念，不知道會不會讓大家覺得這是好遙遠的事情，但事實上在我2010年從青少年工作現場工作退隱之前，與我現在的夥伴不斷地在各地宣揚的，都是「青少年的工作是非常需要系統合作」的，這是我們多年實務經驗所得到的結果，這也是前面六堂課當中，你看到我使用的例子，基本上這些學校跟機構都與我們的團隊有深遠的關係，他們全機構大部分的人員基本上都有上過課程受過訓練，對於怎麼樣看孩子的性的問題都有共識。因為對我來說，只有這樣子我們所提出的任何建議或是指導，他們才可能有能力做到。

　　經過13歲女兒同意，跟大家分享一下我跟她的對話，上週四我女兒下課到辦公室找我，她看到我優美的荷光辦公室整個亂的一塌糊塗，然後看到我蓬頭垢面的跟她說：「你媽稿子快寫不出來了，要趕最後一刻了，你愛幹嘛就幹嘛，然後有任何人要打擾我的就扁他」，她露出包在我身上的表情。

　　下課後我跟她分享，這一堂課我頭一次稿子寫不出來，以前都是靜心完文思泉湧，「但我隱約覺得這堂課混亂是非常有意義的，我大概抓到但還沒有做到那麼清楚」，女兒說：「你要不要說一說你這堂課上的內容是什麼？」我一邊開車一邊跟她講：「這次寫微課的經歷，讓我終於了解了為何你媽要退下第一線市場，退居幕後了。你知道你媽演講超厲害的，因為我演講效果超級好，所以我的邀約不斷，但每次講完聽眾總是記著滿滿的筆記開心的離開，我卻有一種

很不踏實的感受，而腎上腺素消退後，我並不會以演講的成果感到自滿，反而常常升起的都是我不想再做這樣的工作的心情。因為，我知道我的演講讓家長安了他的心，彷彿他們知道些操作、找到怎麼面對孩子性發展的方法了，但，性哪裡是這麼容易面對的，如果這麼容易，那性教育普及為何還是這麼難，所以，我心中知道，他們不會做的，做了也不會成功或持續的，多半仍然是要等孩子出問題，才會真正來面對早已累積在他們之間種種的解不開的結。」

不等我說完，女兒接著說「對啊！」，她很興奮地接話，她現在正在一個階段是，發現自己能聽懂抓到別人的感受，而覺得興奮會滔滔不絕嘗試表達她的理解。「對啊！」她很興奮的說：「那你這樣的工作就只是為了賺錢而已，你又不是這樣的人。」

「ㄜ～～賺錢也是很重要的啦！但是賺錢的方法有很多，如果我有能力將賺錢與我所知道的道理結合，我為什麼不這麼做呢？當時要離開第一線市場的時候，你媽也是會緊張錢在哪裡的，但是就要相信只有做自己相信的事、覺得對的事，我才不會一直留在自己不喜歡的狀態當中，感受無法改變的遺憾。」

所以我在退下第一線前不斷地推動，同時現在是我的學生們在推動的最重要的概念是系統合作，系統合作的目的，唯有從建構支持家長的系統開始才有辦法讓想要站在青春期孩子身邊的家長有能力不放棄。

昨天（2018年）荷光旗下的芸光兒童與青少年性諮商中

心正式開幕，我突然了解到，我不曾從與青少年工作的熱情中退卻，雖然沒有站在第一線，但我成立了專為青少年設計的中心，建立友善的空間與人文環境，支持團隊的心理師們以更創新的方法陪伴青少年與家庭面對青春期的性發展的各種議題、各種風景。

我跟我女兒分享：「你看我之前寫稿都沒有翻書」，他看到我翻出一堆書，荷光的接待區，被我書占滿，「今天寫稿時，我突然感到很焦慮，發現青少年家長的壓力實在很大，想找到簡單的概念讓聽眾可以有個方向開始……。我還查了網路上的資料，看到很多文章是教授技巧，比如幾招讓你改善……或是青少年家長不該做的禁忌……，我知道那是簡單的方法讓家長覺得好像有些準則，但我不喜歡，……」

女兒搶過去接話：「那種感覺，好像我們青少年是怪物，或是要被特別對待，或是那些禁忌會讓家長覺得自己做不好……」

「哎～這也是無奈，因為青少年的家長真的很不容易，但確實我非常不喜歡禁忌的概念，因為，那產生了一種如果你沒做到是你的問題，是你造成與青少年的叛逆～～」沒等我說完，

「那種感覺會讓家長很緊張。」女兒試著同理。

「對呀！所以我想了很久，我想了一些想法，你幫我聽聽看你覺得怎樣……」

「好勒！」女兒興致勃勃。我陳述了，第七堂課中的青少年家長要調整依附關係位置的概念，女兒極為認同，她

聽完甜點媽媽、腳踏車爸爸的故事，她很興奮的說：「我覺得那個做甜點的媽媽實在太酷了，她不但做自己喜歡做的事去學烹飪，讓自己開心，還用甜點跟孩子的朋友連結，她孩子的朋友會影響她的孩子知道媽媽是在意他的。」

「那個腳踏車爸爸，就像我畢業挑戰時的感覺一樣，不只我自己，我看到我們班誰誰誰原來會嗆他爸媽的，單挑一起騎車時，他們互相幫助相處的感覺好多了，爸媽跟孩子一起做一些挑戰自己的事，超有幫助的～～」回想起同學們的經驗，女兒很有體會的說。

然後她給我的結論：「青少年的家長就是不要一直看著孩子的問題，應該想辦法從其他地方跟孩子連結，不要一直鑽在他孩子的問題上～～」

然後我跟他說向冒險致敬，與其等著被分化，不如自己先健康的分化，在孩子青春期的時候也給自己一些冒險精神，去做一些改變，做一些以前想做而沒去做的事，讓自己年輕，給自己新的可能。

女兒興奮的說：「很讚、很讚，這樣的話孩子就會覺得他爸媽也很酷。」我說：「不然如果孩子看到爸媽都是愁眉苦臉的話，那孩子對人生也會很消沉吧！」

女兒說：「對啊！真的超沒希望感的。」

我跟她說：「你媽去年狀況很糟，因為很多原因……就是在這樣的情況當中。」

女兒說：「對啊～對啊！那時候你實在太忙了、壓力太大了，我都得自己照顧自己。」

我很驚訝，非常驚訝，因為，2017年各種原因，超級忙，壓力又大，但，我仍記得空出時間、與她相處、關心她的狀況，雖然，這個時候快速回想一下，每當我有空，不自覺問的都是她上中學學習的問題，確實，連我都不喜歡那樣的互動，但，以去年壓力大的狀況，每次覺得這樣的互動並不愉快，但實在無力改變什麼。我問她：「我以為我雖然忙，但是都還是有空出時間來給你，然後，我問你，你都說你很好啊！很OK啊！」

「我青少年耶，要我說出我不OK，哪有那麼簡單！我會盡量自己想辦法，我是很好啊！但看你那麼忙，我會盡量不要麻煩到你。」女兒不以為意地說。

我想起去年底，我們倆為著她無法完成承諾時，我們之間的衝突，當天晚上，我對她做了處罰，剝奪了她愛看的影片時間，女兒面不改色地接受了，當天晚上我收到她的訊息，她說明她要面對自己無法符合我的期待的痛苦，她信中跟我道歉，她寫著：「很抱歉，我沒做好，我讓你失望了，我也很難過。」看到這封信，我非常震撼，我開始思考家長為青少年設限，最重要的意義是什麼？

為孩子設限的意義

當晚，我反思之後，我寫了一封信給她，節錄一段分享給大家：「我的任務，是在你可以完全掌握自己之前，擔

任幫著你設下限制、讓你練習控制自己的那個角色。你不用跟我道歉，因為你永遠不會讓我失望，也沒有對不起我，你就是在一個認識自己的歷程中學習。當我說，我不能相信你的時候，我其實在說的是，我得調整給你的時間與空間的鬆緊，能幫助你學習安排自己、掌握自己。我會苦惱，該怎麼調整、用什麼方法，能讓你對自己的掌握更有自信，而不是相反（意思是設限是讓你更有自信而不是更沒有自信）。因為這過程，最終的目的，是讓妳有自信的了解、掌握自己！你能做到，那我就可以在旁邊給你拍手鼓掌就好啦！」

　　因著這個經驗，我得到很大的學習，改變對於「設限」的觀點。設限，如果是因為不相信孩子，覺得孩子無法掌握自己，家長必須站在一個高高在上檢查的位置，那這樣的位置創造設限是用來叛逆用的，孩子為了挑戰你對他的看法證明他的存在，不得不用各種方式做他都不知道是不是他的自己。

　　設限，不該是對立，而應該是合作，家長的任務是協助青少年逐步地掌握自己，讓他感受到對自己的自信。

　　當天晚上我寫了我倆史上第一封家書給她，我記得第二天早上我們準備出門時，我們都沒提及那封信，但她的身體姿態、神采充滿著自信的模樣，讓我能對比出，那之前跟我說著沒事，卻感覺心事重重的臉龐，原來心理承受著這樣的重量。

　　我也想起，今年，她開心的跟我說，學生的責任是開心的學習，那真心相信與自信，我有一種好險的感覺，好

在，我做了對的選擇，沒有抹煞她對學習的動力，也讓我們的關係又再打通一關。

我今年開始就痛定思痛，我不想再過不平衡的人生，我不想再過連我自己都覺得擔心自己健康的生活，我跟女兒說：「我也不想讓你看到的我都是充滿著壓力皺著眉頭擔心東擔心西的，所以我做了好大好大的調整，花更多時間關注自己的身體，照顧自己。我覺得我喜歡我現在這個樣子也覺得更健康、更有自信。」

我女兒說：「對呀！對呀！」，她露出終於等到你明白的語氣跟表情。我說：「我覺得我們現在的關係改善很多。」她說：「我沒有覺得我們關係不好，但是今年是更好。」

如果去年沒有覺知痛定思痛改變我自己的狀態，一直沉浸在生命的處境與各種壓力當中與對未知的焦慮，我會在青春期，這個關鍵時刻，誤以為孩子說不用擔心一切都很好，就讓自己繼續沉浸在壓力當中，什麼時候失去我的孩子都不自知。

我為了我自己做的生命上很重大的轉向跟改變，而這個附帶的作用就是讓我跟孩子的關係做了一個很好的校正，青春期，不斷的校正甚至微調親子關係，調整親子關係的距離，是重要的。記得，家長最重要的任務是讓孩子能逐步相信自己、逐步邁出腳步離開你。

昨天她興奮的跟我說，她決定明年要跟她爸爸去學潛水，我興奮的跟她說：「上了第七堂課，我也決定向冒險精

神致敬，我決定挑戰我覺得自己的不可能，我要請街舞老師來教我BTS的MV舞蹈，我覺得這個男團，街舞跳得超讚的！」

　　關於女兒14歲想要去學潛水，我並非沒有恐懼，只是我知道，這個恐懼，跟幾歲學沒有關係，跟我決定怎麼面對我的恐懼有關。

面對我的潛水恐懼

　　關於潛水，我是在30歲從美國讀書回台兩年之後，而附帶給大家的資訊是20年前（1996年）在美國讀書時，我就常一個人開車長途自助旅行，擁有這樣資歷的我，我仍然記得當時告訴父親我要去學潛水的時候，我的反應。我語焉不詳的跟爸爸說：「偶要去習擦水囉！」打算敷衍閃避秒溜，我爸提高聲調驚訝的說：「你回來，你回來，你說什麼？」，這個過程反覆三遍後，我終於清楚的說出：「我要去學潛水了！」換我爸開始連珠砲的說：「你知道你要做什麼嗎？你知道潛水有多危險嗎？你知道那是男人才做的事嗎？你知道你要背多重的的氣瓶嗎？你知道有鯊魚嗎？你知道大海不是泳池，是碰不到地的嗎……」一連串、一連串對我的擔心，以質疑的方式表達……

　　我，像回到小時候，乖乖站著聽訓，我發現自己越變越小，我聽到自己內在有一個聲音充滿恐懼的說：「天啊！我真是笨到這樣，連這些都沒先想好。……這有多危險……

放棄吧！爸爸是對的！」同時有一個聲音說：「呆瓜，幹嘛講真話，真是白痴，騙他去朋友家玩不就好了。真是自找麻煩。」但這一次除了這兩個聲音外，我聽到另一個堅定的聲音：「我不想日後怨懟我父親以他的恐懼與對我的擔心困住了我，我必須相信，在大海隨時充滿變化，與潛水需要學習許多知識技術並嚴謹的看待的這個活動上，我必須相信，我會認真的學習，也會認真的看重如果我做不到，就該面對自己的限制並且擁有能為自己放棄的態度。」

自律並不是為了給別人交代或逃避懲罰，而是愛自己、為自己負責的一種態度，自由唯有建構在能為自己負責才是真自由。

那年我30歲，那一天，我決定我想要這個選擇完全是我的，我想要一個我選擇面對我能承受的恐懼分量的人生，因為我無法承受著我爸媽想掌握的安全感過人生，即便那是出自於身為家長對孩子的愛。

昨天，我跟女兒說，「謝謝你提前告訴我，你要學潛水的決定，即便你媽在懷你前曾經是潛水教練，還出了一本我很愛的潛水小說《湛藍深海》，但，我面對我自己潛水跟你去潛水心情是不同的，謝謝你提前告訴我，讓我有時間消化沉澱，跟你討論。」

我想起30歲要去學潛水的那天，我所沒有提前跟爸媽討論的勇氣，與30歲之前，我對自己的認知是，在我爸媽面前，我是一個隱瞞很多的人，因為無法承受他們擔心焦慮的

情緒，只有在謊言中，我才能做自己與探索、體驗我想要探索的人生，為了做自己，必須放棄連結，我愛我的父母，但也為我沒享受過的親子關係感受到一點遺憾。而潛水那天，是我頭一次決定為自己負責，不活在爸媽的恐懼之下，也不再以他們的恐懼怨懟他們不相信我。

性，青少年為什麼不想告訴爸媽？

這些，跟性有關嗎？

當然，你猜猜，我青春期的時候如果對性好奇或是想戀愛，或是面對困惑、或是有人對我有性的邀約、或是騷擾，跟我女兒青春期的時候如果對性好奇、或是想戀愛，誰比較有機會告訴她的爸媽呢？

而孩子的性教育，除了性生理變化之外，家長都會希望教孩子自我保護防止性侵。自我保護，是希望他能對他不喜歡的碰觸、不喜歡的關係，有拒絕對方的能力與該跟成人求助的能力。家長想預防的應該不只是陌生人性侵，然而，遇到陌生人性侵，很多時候幾乎是無法預防的，如果孩子遇到這樣的事，你希望他告訴你嗎？換到孩子的角度想想，你能猜想如果他會猶豫甚至想掩藏，有可能是為什麼呢？

很多時候，孩子身上經驗到不舒服的性，是在熟識的關係中，而很多時候，是在你反對他談的戀愛經驗裡，而更多時候，這一切是逐步發生的歷程，而那發生的過程中，孩

子有緊張、有焦慮、有好奇、有興奮、有沉迷,有他原先以為能掌握自己想停就停的把握,然而,這一切他無法跟任何一個成人說,因為知道的成人必然得告訴你／家長,那麼你可以猜想得到,如果是熟識關係中所受的傷害,又是逐步漸進的過程、又是孩子曾有莫名的自信覺得自己可以掌控的事,而最後失控了,讓他痛苦,你猜想,他為何猶豫告訴你?

現在,我們可以重新再想想,青春期家長與孩子依附關係調整的重要性。了解青春期家長的難,承認不懂但不放棄連結,向冒險致敬,主動健康的分化,建構依附支架,目的只有一個:「讓關係活著」。在孩子與家長之間,孩子從依附家長,到你們一起依附知識與建構依附鷹架的支持系統,分享生命、尊重他的決定、一起揪著心體驗探索。

我無法確定我的孩子未來是否會在性上受傷,但我很確定的是,我很努力與認真的學習,更負責任的照顧自己,保持溝通管道暢通,讓她能更多說出自己且開放的願意傾聽她,希望,她能在未來有信心選擇信任我,我無法掌控她的人生如我期望,但我會不放棄的陪伴她找回她所相信的自己。

保持溝通,怎麼跟青春期孩子談性?

以下讓我用一位家長的提問,來將前七堂的概念做一

個複習。他的提問是「何時跟青少年的孩子談性是適當的，怎麼談？」其實原則跟第五堂、第六堂課的概念是一樣的，但我簡述一下，青春期使用媒材的方法。

先評估一下關係，你是否有跟著他的發展，在青春期時候進行依附關係的調整，孩子能相信你的善意，有時拒絕你，但會考慮你的建議而能跟你討論他的想法，以上是必要的要件。

如果你們的關係目前是很緊張的，而你要跟孩子談性是出自於你對他的擔心與焦慮，並非他有動機或認為需要，那麼我建議，使用以知識建構依附的支持鷹架，你可以去選購一些適當的書籍，或者是找到性教育的平台，然後你需要做的就是分享給孩子，告訴他你很關心他青春期的發展，但是你們現在的關係要討論性這個議題也很緊張／或是你不知道怎麼跟他談不尷尬，但是你希望確定他們都知道書上的訊息。

當然你也可以詢問學校是否有性教育的安排，是怎麼執行的？執行什麼樣的理念？去了解學校的政策對你會有幫助，也會促使學校更正面的去看待孩子的性發展，而確認孩子性教育也能得到家長的支持。很多時候是學校想教，但家長希望老師們只把精力放在升學上面。

所以我才說，上次跟各位討論的舉辦兩代對談的國中老師因為堅持10年，而且非常用心認真地做，做下來得到成果是現在得到大部分家長的認同，這樣子的一個系統性的建構才是孩子的福氣與家長的福氣。

　　如果你是已經跟著我們親職依附關係為主體的性教育生涯規劃，一步步發展到現在的家長的話，那麼以這樣子的依附關係，你要用我分享的概念來跟孩子討論他的性發展是相對容易的事情，這個時候只要記得前幾堂課提供的如何跟孩子談性的基本原則就夠用了。

　　但如果你跟孩子的關係良好，但是從來沒有跟孩子談過性。你可以做的方式是告訴他，

1. 依附關係的能力：表達你關心的意願～「爸爸、媽媽去上一些課，知道這個時候你會對無論是生理發展或是性發展產生好奇，都是很正常的。」

2. 情緒安頓的能力：表達你的困境～「但是爸爸、媽媽從小也沒經歷過性教育，都是自己摸索的，對於談性也感覺尷尬，也不知道怎麼教你。」

3. 知識建構依附的能力：使用媒材～「但我們可以一起看這本書（你找到你喜歡的青春期性教育的書）。」

4. 情緒安頓的能力：允許孩子保有情緒調節的歷程～家長要跟孩子談性，如果沒有從兒童時期培養起，到了青春期孩子會防衛是正常的。因此，請你不要期待孩子會熱烈的回應你，他可能會表現不屑、說他不需要、或是說你很噁心，都是正常的。這是孩子在調節你要跟他談性焦慮的方法。安住自己，照顧自己被拒絕的情緒。明白，你在努力的是許多家長因為困難而選擇放棄的。與青春期孩子談性本來

就不容易。

5. 人際能力：給彼此適當與舒服的距離，來面對談性的困難～你可以把書放在客廳桌上，鼓勵他，拿去翻翻。而讓他知道，你也會看，因為你的青春期哪有這種書看呢！你也想重新整理自己。於是在你們共同聊天的時間，你可以聽他說完他想跟你分享的事，可跟他說「我那天有看了第幾章，我覺得很有趣耶，原來什麼什麼是什麼什麼，我以前都不知道。而且我跟你說我在你這個年紀時，我的經驗是怎樣怎樣」。那個什麼什麼是什麼什麼，怎樣怎樣，就留給你決定，分享什麼是適合的，是會讓你放鬆的，是他有可能願意聽的，也是可以讓你們開啟話題的。意思是，不是逼他看，或考他哪裡懂不懂。記得，以依附關係為主體的性教育最重要的是關係，是以青春期的性發展為題材建構家長與孩子的關係。關係建構的主要能力不在說道理、給知識、分對錯，而在分享、分享、分享，創造連結、創造連結、創造連結。

6. 運用資源求助：以專業資源傳遞心意～無論任何原因，瓶頸難以突破，為孩子準備好他可以信任的成人（老師、親戚、成年好友、專業人員），未必見得是家長，鼓勵孩子如果無法跟家長談，有需要時，除了找自己的朋友外，可以考量這幾位能夠跟孩子談性的成人，或是也支持他參與相關演講或課程。

7. 人生哲學：性是可以談的，有學習管道的。不需一
   個人面對～這個歷程中，重點在真誠的傳遞關心，
   而不在實質上達成什麼。

在青少年發展階段，性挑戰巨大的原因，是因為社會
沒有提供孩子足以面對真實性世界的性教育。孩子心中有能
夠自在談性而不需懼怕被評價的成人名單，是重要的。家長
能夠理解自己的限制，而能鼓勵孩子使用對他有益的資源，
表達的是「我有限制，但愛沒有」。

記得防止性侵或是陪伴孩子度過各種性上面的經歷，
唯有在關係之中，才有可能。

今天的課程就算是一到八堂堂親職性教育生涯規劃的
總結吧！在鍛鍊與設限的青春期，家長除了轉換性價值觀的
拓展，更需要的事是，性發展的爆發期，先抓緊依附關係，
別急著管性，依附關係調整好，性，是可以循序漸進前進
的。

如果我們跟著孩子成長到第八堂課也就是度過他的青
少年階段，而家長跟孩子關係在青春期風暴與性的衝擊經驗
裡存活下來，那麼你們在其中所學到的，將會讓你面對孩子
轉變成成人感覺到頓時輕鬆無比。

愛與放手

16歲以上孩子性發展的體驗期（上）

孩子
流著吉普賽血液

如我　如你

踏上必然的煉金旅途
必然的
如蝴蝶梁祝般動容
如唐吉訶德般癡狂

流浪不是罪
是上蒼　應許的金路

你在　我在
我懂　你也將懂

　　親職性教育生涯規劃系列十一講所著重的重點，是讓大家有一個宏觀的視野，明白當你生下孩子那一刻讓你成為家長，但你並不會因為生了孩子就理所當然地知道如何成為一個家長，親職角色任務的學習是一個必然的工作。

　　學習在孩子發展的歷程中理解自己，也跟著孩子的發展在各方面學習成長，在人生中體驗實踐。你們也會發現要能成為能跟孩子進行性教育的家長，雖然需要補充許多的知識，但更重要的是抓準你的位置跟方向。

　　第九課，我會以一位家長的提問，來跟大家說明面對青少年青澀的愛情，師長們所需要儲備的知識與能力。

　　暗戀、表白、表白被拒失戀的痛苦、被表白如何面對接受或拒絕的困難、表白被接受戀愛的歷程、戀愛中經營關係的挫折、分手的智慧、失戀的歷程。愛情從來不是簡單的功課，是人生中重要的修行。

　　這個提問是關於「孩子在國中三年級，不畏課業的壓力，仍對男女之事很有興趣，暗戀班上的男同學言行誇張且表現十分明顯，有時會被同學嘲笑，孩子會跟媽媽說、也跟別人說，媽媽擔心孩子說出去會被評價，不知怎麼處理。」

　　我用這個例子，來跟大家說明愛情跟暗戀這兩件事。然而，因為給的資訊很少，無法評估，因此這個例子只是給我們一個思考的方向說明一些概念，也就是我並不是針對提問的家長回答。

愛情與關係的四階段

在我們討論暗戀前，先讓大家知道我對愛情與關係的觀點。

許多人會告訴我愛情就是一種感覺，但是事實上愛情是關係的一種，你可以把關係當成有機體，也就是關係有它的發展歷程，依著關係人的人格狀態、與關係發展必需經過的階段交織成你們關係的現況。在其中的人也需要隨著關係發展的四個階段，蜜月期、自我坦露期、衝突期、和諧期四個關係轉換的階段，建構相應的能力，做出適當的轉變，才能讓關係歷久彌新或是更健康的發展。換言之，如果有機會我也很想開一門「伴侶關係生涯規劃」的課，讓大家對於關係發展有一個宏觀的視野，明白各階段需建構的能力，與在其中增長智慧修行的重點。你可以想像，關係像是兩個人共同養育的隱形的小孩，需要兩人願意為它持續投注心力、建構能力，才能讓這個名為「關係」的小孩健康、成長、茁壯。關係起頭於愛情強烈的吸引力，若不想只隨著感覺變化起伏，就得鍛鍊能力、戒執著、修放下、體驗真正「打開心」的智慧，我稱之為「關係修行」。

蜜月期的親職難題

這一堂課，讓我以青少年的例子來說明蜜月期這個階

段的修煉重點。

愛情與關係發展中，必經過第一個階段「蜜月期」。蜜月期對於青少年的發展是非常具有象徵意義的一個階段。

先讓我跟各位解釋蜜月期的特徵與心理狀態。這些知識將會讓你在陪伴孩子面對愛情的時候，會知道他現在在哪個階段、什麼狀態？你怎樣的回應才能夠站在他身邊？怎樣的協助才能夠陪伴他經歷戀愛的歷程？

讓我們一起回想一下，你的任何一段關係在剛開始時，從曖昧期之後跟著進入蜜月期你經驗了哪些感覺？那時的你是什麼狀態？

關係發展的每個階段都有它在發展上相當重要的任務，蜜月期的任務就是在你跟他開始談戀愛時，就有如在愛情銀行中開了一個關係存款的帳戶，蜜月期會存入正向的存款，以備日後關係衝突艱苦的時候回味、取用。

蜜月期的特徵是興奮、刺激、情緒高昂、精力旺盛、18相送、熱線長談、24小時想要黏在一起、眼中只有他、滿腦子都是他、幻想美好的未來、整個人散發粉紅光彩……而且在這個階段因為大腦荷爾蒙多元變化（俗稱熱戀症候群），對方的一舉一動都非常吸引自己的注意力。因為他的一句話而讓自己心神蕩漾、因為他的一個動作、靠近你散發的味道、似有似無的碰觸、都會讓人全身酥麻。那個第一次手碰觸在一起的觸電感、第一次雙唇相接的窒息感……可在腦中重播幾百遍。這種神奇的魔力是蜜月期最耐人尋味的一個階段。

蜜月期是這樣的迷人呀！無論哪個年齡都能享受到的魔幻青春良藥。

　　好的！現在如果你孩子有一天回來告訴你～

　　「爸媽！我愛上全天下最棒的人了！」這個時候你會怎麼回應他呢？

　　有位家長跟我說，他聽女兒這麼說，他本來很嗤之以鼻的，覺得「小孩子家哪裡懂得什麼是愛，全天下最好的男人，哼，也就是個會把妹手段的男生而已」。本想潑孩子冷水，但他想「我還是應該做一個開明的家長」，於是他跟孩子說：「這麼好的男人啊！那你把他帶回來我們認識一下。」女兒興高采烈的約好時間，帶男友回家跟爸媽吃飯，結果那頓飯吃的非常不開心。

　　家長說：「看到那個男孩時我心想，我女兒是哪裡眼花了？這人長的只跟她一般高，女兒穿了有跟的鞋都還比他高！滿臉青春痘，講話還結結巴巴，問他成績也不好，我女兒愛上這樣的人，哪裡會有未來？」

　　於是這位家長在餐桌上說了許多刁難這個男生的話，他心想最好趁孩子跟這個人走的還不深，趕快讓他們分手，免得日後走深了要分，就難了。之後，也苦口婆心的告訴孩子這男孩不適合他，希望他們分手。

　　「不是不希望她交男友，是希望她找比較匹配的人，比較有未來。」

　　親子之間因此產生很大衝突，孩子幾乎半年不跟他講

話，也不再告訴家長，她感情上的進展。家長只好在學校布下一些眼線，拜託老師跟孩子的好友勸她跟這男孩分手。

半年後家長聽說好像他們比較淡了，家長正覺得苦心沒有白費、鬆了一口氣。就在這個時候孩子提出她有新的對象了，她想要帶回家讓爸媽認識，家長很開心想著孩子終於理解他們的苦心。沒想到這次帶回來的人身高是高了許多，也沒有青春痘了，但他卻是一個大孩子15歲的成年男人。有職業，卻是家長認為不匹配的修車師傅。那頓飯一樣吃的很不開心。女兒吃完飯後就說要跟男朋友去跳舞，換了非常辣的衣裝，就挽著男友的手，留下一臉驚呆了的爸媽頭也不回地走了。

家長嚇壞了，覺得原本聽話的孩子怎麼談戀愛就變了個人，狂打電話希望孩子回家。孩子終於在10:30，他們家的最後門禁前回來的，家長兩人跟孩子促膝長談，苦口婆心地想讓孩子知道這個人不適合他。沒想到孩子說：「他比我高、又沒有青春痘、長的又帥、又有工作，賺得錢也不少，現在出去吃喝都是他花錢，他也養的起我，你們還要嫌什麼呢？」

這位家長崩潰地問我，為什麼會是這樣？

蜜月期是非常神奇的一個階段。俗話說「情人眼裡出西施」，特別能夠描述蜜月期的這個狀態。有另一句話說「情人眼裡容不下一粒沙子」，許多人認為沙子指的是第三者。其實愛情是很神奇的，有的時候為了愛他會忍耐第三者，但不能容忍的是想要拆散他們倆的人。

家長認為趁孩子還沒有陷入太深趕緊拆散他們，希望孩子用理智想清楚他在做什麼。但，這剛好對抗上蜜月期神奇的魔力，蜜月期最重要能力就是要「昏」、「頭腦發昏」犯傻了，英文用fall in love來說明進入愛情，fall就是掉進愛情的意思。也就是愛情不是理智的它是無法用分析得來的，那就是一種感覺，無法抗拒的感覺。

　　你要問為什麼會愛上他？問的是你的大腦為何會對這個人產生化學反應？

　　但這，又哪裡是人可以回答的呢？

　　而，這家長發現女兒交往的第二個男友彷彿不只是愛情，還有一種對他們挑釁叛逆的意味在裡面。是的！蜜月期加上叛逆期／青春期加上有人阻攔，往往是小說故事裡曠世戀愛的基本元素。意思是青少年的愛情，是一個自我認同的歷程，在青春期前，家長是孩子的依靠、是孩子的天與地、是引領孩子前進的拐杖與燈塔。到了青春期孩子需要獨立分化，想要丟掉這個拐杖、丟掉這個依靠嘗試靠自己前進。但，在那麼年輕的年紀靠自己、相信自己是令人害怕顫抖的，因此同儕／朋友與愛情，就是切斷與爸媽的臍帶，要自己感受到存在與力量前的一個支撐的力量。

　　特別是青春期，這時候家長正在對孩子做許多設限，親子關係正在緊張的階段。女孩們常常幻想自己是被後母鎖在層層關卡的寶塔上，不能自由的公主，如果有王子願意為她砍荊棘、殺恐龍、不畏後母，把她從高塔上拯救出去，那麼就驗明正身她不是灰姑娘她是公主。而如果有公主願意親

男孩一下，並跟他私奔，這就是驗明正身他不是青蛙他是王子。感覺自己能脫離父母、感受自己是全然被愛的、完美的依附（蜜月期）的感覺，讓青少年感覺到被接納與認同的力量，會促使分化的歷程向前跨進一步。

蜜月期無論在哪個年齡發生，都是充滿了神奇的體驗，會讓人有重生的感覺，同時全身、心活力綻放的像年輕人一樣，也會讓人返老還童做出許多之前不敢做的事情。蜜月期，就是這樣子充滿神奇魔力。而蜜月期加上叛逆期更增添了許多發展上的意義。但其實想想不只是在青春期，愛情的發生，總是訴說著人內心無論是意識或是潛意識上對自己最深的渴望。

而蜜月期還有一個非常重要的特徵，就是隨手可得的幸福感，意思就是在關係發展階段中，只有在蜜月期幸福感是隨手可得的，不需要努力不需要經營，就感到幸福。過了蜜月期之後感情維繫是非常需要經營的，我想這是仍然在愛情中的大家很常聽到的忠告。

以前我常跟青少男、青少女工作，每天最重要的工作之一就是聽他們說～～「戀愛的感覺」。我記得有一個高中生跟我說她談戀愛了，對方對她非常的好，讓她好幸福。

我問她：「那你們這個週末去哪裡玩呢？」這個活潑好動、一點都不喜歡閱讀的女孩對我說：「老師我沒有去哪裡玩，我們倆就在圖書館，我突然發現圖書館好有意思、好有格調喔～」開心不言而喻。

「那你們在圖書館做什麼？」我問她。

「他看書呀！我看著他我就覺得好幸福、好幸福喔！」臉上滿是幸福的光彩。

　　我跟她說：「真美，好好去享受，兩個禮拜後再來找我。」

　　兩個禮拜後女孩來了，不開心的表情，我問她：「這週末你們去哪裡玩呢？」她說：「無聊死了、每天都在圖書館、他就一直看書，我都不知道要做什麼，然後跟他說很無聊要他帶我出去玩，他勉強跟我出去。啊～我就喜歡逛街、逛夜市、吃吃喝喝買東西，他都沒有興趣，他竟然還告訴我，不然他在麥當勞等我，要我自己去逛街，老師你有沒有覺得他很誇張，他是不是不愛我了？」

　　這是我很常聽的抱怨。

　　一個男大學生剛戀愛時，堅持每天騎腳踏車載他女友上課，他跟我形容他們那無比幸福的感受，長髮飄逸的女孩側坐在後座，環繞著男友的腰依偎在他寬厚的背上……這是青春浪漫劇情必備畫面。唯獨，這對情侶讀的學校是小丘陵的地形，我享受著他描述的畫面「真美，好好去享受，兩個禮拜後再來找我。」

　　兩個禮拜後，男孩說：「老師我偷偷告訴你，她變胖了。我載她好累，不載她，她又要生氣說我不愛她了，所以我跟她說，腳踏車被偷了。……」

自我坦露期的親職考驗

意思是蜜月期會過的，接下來的階段是自我坦露期。放下蜜月期自己要成為對方的王子或公主的夢幻或對方是MR. Miss Right的期待，而在這個一切講究做自己的時代，蜜月期結束的速度越來越快。自我坦露期挑戰的是，掙扎著要對方更多的愛來證明自己是被愛的。吃醋嫉妒占有的強烈情緒，是非常難以消化與承受的。自我坦露期要建構的能力，是面對完美依附關係的夢想破滅，學習安頓對自己、對對方不如期待的失落所產生的令人難受的情緒。而這正是非常需要有人跟他討論的這個階段。孩子如果因為蜜月期時跟家長賭氣了，不信任你了，那麼當他開始面對蜜月期的魔力消退，他不想被你笑，得撐著證明他的選擇是對的，或是他開始有對愛情很多的困惑與很多的沒有自信，而無法跟你討論，這個才是你們關係中最大的損失。

也就是家長面對孩子在蜜月期時，如果我們選擇跟他大腦腦內荷爾蒙多元變化創造出的感覺對抗，造成兩敗俱傷，斷了跟孩子的溝通管道，讓孩子用愛情、用他的自我認同需求來跟你叛逆，是為了要證明他自己的存在、他的選擇是對的。而，這是才我們最不希望看到的。

這就如同，那位崩潰的家長，在我跟他解釋完，愛情的階段與他介入方式所造成的影響，家長說：「我希望讓孩子的愛情回歸愛情，不是為了跟我賭氣。」

因此，師長面對青少年的愛情，又回到一句我最常講

的這句話「保持溝通管道暢通」。也就是調整腳步，尋找運用經驗建構能力的機會，創造連結才是關係建立的根本。

如何陪伴孩子修煉愛情？

如果你發現孩子有喜歡的人，在蜜月期、開始談戀愛了。

1. 依附能力：這個階段是建立他跟我們談「戀愛」的信任感，能信任跟我們談他的感覺不會被評斷或是被介入。

2. 情緒能力：讓你的情緒被支持，陪伴孩子。如果你很擔心，建議你尋求朋友或專業資源抒發你的焦慮，希望你能在被支持下，陪伴孩子思索愛情這件事。

3. 人際能力：說出自己、傾聽對方、涵容衝突。身為家長，尊重孩子的愛情也提供一些理性的觀察是重要的，也就是並非不能說出你自己的看法觀點或價值觀，而是可以跟孩子討論，但千萬不要告訴他：「我知道你在蜜月期，過一陣子你就會清醒的。你就會知道爸媽的看法是為你好是對的。」千萬不要說這麼機車的話，這就是鼓勵他失去理智的跟你叛逆。你可以讓孩子知道你很開心他談戀愛了，知道他正在享受蜜月期美好的感覺。然而你仍然會有

一些你的想法，你也希望能夠說出來給他參考，但如果他聽了覺得有壓力或是聽不下去的時候，也希望他們能夠直接告訴你，避免讓你在不知道的情況之下說了他不想聽的話，而讓他不再跟你說他的經歷。

4. 運用資源能力：替自己與孩子準備著信任的支持管道與讓彼此能更多了解愛情是怎麼回事的支持系統，讓彼此在壓力中，能有空間照顧自己。

5. 人生哲學：愛情是一個學習認識自己的歷程。能跟在愛情中的孩子談感受，是讓家長跟孩子多認識彼此的機會。

許多人會問蜜月期大概會維持多久，通常六個月到一年，腦內荷爾蒙會逐漸回到正常狀態。

然而這個是說不準的，因為還有關當事人的人格狀態、投射到愛情當中心理意涵的程度、再加上許多時候的時代與文化發展因素，通常是越壓抑的文化情境、越能造就曠世戀愛，比如大家都認識的梁祝、羅密歐與茱麗葉。

曠世戀愛通常都要違反社會的期待，挑戰價值觀束縛的極限，越多人阻攔就越能呈現出愛情的力量。然而，電影或故事的結局都只會停在，兩人終於得到愛情的證明，無論是終於不畏艱難可以相愛或是一起殉情，故事就停在從此過著幸福快樂的生活了。

然而，一切歸於平淡，激情不再後，那就是酸甜苦辣

柴米油鹽，在每天不斷重複的模式中，愛情變成了修行。那種愛情才是我們普羅大眾每個人的愛情。

在孩子蜜月期時，家長與孩子建立能談「他在談戀愛」的關係，蜜月期會過，愛情有他自然的發展，每個在其中的人，終將會在其中學習修煉的法門。

暗戀的學習

以這樣的概念我們來看暗戀這件事情。

有一種暗戀是單純的喜歡上一個人／被一個人吸引，但還沒進入表白的階段，或是表白被拒。但心裡所被對方引發的感受，並不會因為沒表白或被拒絕就立刻消失，而維持在身上一陣子，所產生的行為。

有些人，會將這樣的感覺隱藏在心中，有些人，會將他感受到的直接呈現。

我記得多年前，有個青少年，每次我去那個學校工作，她都會賴到我的諮商室中，鉅細靡遺地描述著她有多喜歡「那個人」。

而這個孩子表現誇張的，到處蒐集對方的遺留物，對方用過的筆、文具、寫過的字跡、更別說，撿到「那個人」運動擦汗的毛巾甚至用夾鏈袋裝起來，給我看，在我跟她朋友面前哀嚎著說「好喜歡、好喜歡那個味道」。

她不是我的個案，只是在我到那個學校準備接案前

後，會賴在我身邊聊天，而且並不介意我一邊做著手中的事，她就是在旁邊鬼哭神號，哀嚎「他都不看我一眼，他投籃的動作好帥……」

我曾要她帶那些她蒐集到的物品給我看「哇很多呢？你真的很迷他！」

她說「對呀！真的好帥，每個動作，都超迷人的，老師這隻筆是他在簽參加活動時候我請班長幫我留的，我可以感受到他的溫度。」

「所以，大家都知道你有多著迷他嗎？」

「知道啊！他們還會幫我一起蒐集。」

「他們會笑你嗎？」

「會啊！他們都笑我犯花癡。」

「他們這樣說，你有什麼感覺？」我一邊整理著等下諮商要用的書一邊跟她有一句沒一句的聊。

「哎呀～我本來就犯花癡啊！他們笑我，我就回他們，哼你們這些不懂浪漫的人，最好你戀愛都一次成功，無聊到死，我才不理那些人呢！我有幾個死黨，他們會幫我蒐集東西，也會提醒我，他快經過了我教室門口或是他要去打球了……我最近是有收斂一點，我怕他們快受不了我了，所以我才跑來煩老師啊！」

「他們不會去告訴『那個人』嗎？」

「誰敢我就殺了他～」

到這裡，大家可以發現，這個學生暗戀對方的情況，

是不需要多做任何處理的，原因是什麼呢？

依附能力～她自己自我感覺良好。對於同學評價的眼光，能支撐自己，接納自我的狀態而安在。

情緒能力～感受到吸引力，她有在不影響到被暗戀者的情況下抒發的方法。

人際能力～她有與同儕建立關係的方法，誇張的暗戀的行為並不會造成她人際關係中的傷害或隔閡。然而，有可能需要幫助她建立表白的行為演練與承受被拒絕的感受，如何自我照顧。

資源使用能力～她能求同學哀嚎，也能評估造成同學的壓力。運用資源也就是我，分擔她同學承受她情緒的負擔。

人生哲學～暗戀是她經驗人生的一部分，她想充分的去經歷它。

「你不是很喜歡他嗎？為何不跟他講？」我想釐清暗戀對她的感受。

「哎呀！老師你不懂啦！有些事講白，就破壞了所有的感覺了。」

「你那麼明顯他不知道嗎？」

「不重要啦！只要他不要拒絕我這樣愛著他就好了。」這個暗戀，彷彿是練習在內心演過一次戀愛的歷程。

「那你不怕你沒表白，到時候他喜歡上別人？」

「他喜歡上誰又不會影響到我喜歡他。」

「那如果他真的有喜歡的人，你看他們出雙入對的不會受不了嗎？」

「我會在心中默默守著他的，老師這才是真愛啊！」這不只是無法抗拒的暗戀衝動，這女孩清楚自己在做什麼。

「哇塞搞半天這齣戲你才是主角啊！」我逗她。

「什麼意思啊？我明明是在黑暗中癡癡的望著他的呀！」

「但，戲是你導的誰也不能叫你退場啊！」

「這是暗戀者唯一的權利呀～」她眼睛閃亮的點著頭

「我是說如果，如果有一天，你想讓他知道，你最怕的是什麼？

如果有一天，他走到你面前拒絕你，哦～對你沒差，因為你是腦中戀愛，他拿你沒辦法。」在聊天當中，我逐步拉近她心中對於暗戀與戀愛的距離。

「誒～老師我也是有自尊的，你幹嘛講的好像我刀槍不入一樣。」

「我是覺得對暗戀來說，你是很擅長留在這個位置上的呀！」

「我也是想要有人愛的好嗎？」

「但『想』是很容易的呀！因為他只是你投射的幻像，在你腦中任你擺布……

要真的有人愛，是需要具備很多能力的，不如，我們就用你腦中這個幻想的對象，沙盤推演戀愛中的各種情境如何？」

就這樣，我去，聽著她受暗戀震盪的強大感受、若有似無的跟她聊幾句現實能力建立的模擬。

我在任的時期，她換過幾個暗戀對象，直到有一天～

我去接案，她沒出現，以前覺得她煩，她沒出現，還覺得怪怪的，問了同事說好像談戀愛了。

她消失三個月後，正式來約我，成為我的個案，討論愛情中的情慾界線，這個部分我們下次再說明。

暗戀常是摸索戀愛這件事情的一個預演，幻想世界的魔力是很神奇擬真的。

有些人投射在偶像劇或追著明星來呈現，有些人以身旁的人，在暗戀投射的歷程中，就跟蜜月期一樣的扣人心弦，我們需要做的事，是建立孩子在這個階段對我們的信任，有人能讓她暢快的哀嚎，這個暢快可以解決暗戀花癡的標籤與污名評價。這個孩子是幸運的，因為她的人際關係是能夠支撐著她的。

聊著、接納著她這個階段的各種狀況，知道戀愛讓人瘋狂，失去理智，與不知所措，也有人會害怕自己不夠好會被拒絕，破壞想像的美好感覺而只能停在暗戀中。

她的誇張，也間接表達了青少年男女面對愛情迎面而來的焦慮。

她的誇張，也創造了一群同儕，七嘴八舌的出點子，一起度過的一種學習戀愛的互動，就某個角度來說因著她，她們形成了一個戀愛支持團體呢！

　　以前我在大學工作時，從我專任到兼任，自己設計到支援各大學校的心理健康週的活動，戀愛陣線聯盟／失戀陣線聯盟，都是非常受歡迎又重要的課程，

　　「陣線聯盟」就是希望孩子在初入這個讓人焦慮又超級新奇的愛情領域有人一起陪伴度過。

　　然而，會讓人擔心的不會是她，而是原本人際就有困難的孩子，有著戀愛時期失控的舉動，被同學恥笑、捉弄。如果師長／家長的觀點也是與同學相同，覺得他這樣不妥，做的是一樣的事，希望他有自知之明、別癡心妄想惹人討厭，打消念頭……才不會傷得更深。愛情跟性一樣，也跟社會文化的演進有關，社會文化的價值觀評價會傷人，有時很難權衡哪個傷的重。而我們現在在一個能討論依附關係的建立對人格自尊影響的重要性的時代，那麼這些傷害他自尊的處理方式，對他的影響會勝過於摸索愛情這個歷程中必然會吃的苦與受的傷。

　　第九課的最後，以暗戀的提問，說明了青春期愛情，最令初入愛情世界的青少年沉迷的蜜月期，家長揪著心在蜜月期與孩子建立能談愛情的良好關係，等待蜜月期過去，關係必然會發展到自我坦露期，孩子開始面臨對方不如原先想像的美好、愛情除了甜美還有令人難受的衝突、時而想分手、時而留戀戀愛的感覺，焦慮失衡不知所措，無法清楚表達自己、也無法安頓自己的情緒，這樣的歷程，最需要能跟成人抒發、討論、找到應對的方法，如果家長覺得自己不適

合，可以跟孩子說明在這個階段希望有人能跟他討論，但自己因為是爸媽難免捨不得孩子受苦，或許無法提供最適當的協助，運用第六課提到的建構支持系統的鷹架，讓孩子與家長都信任的成人跟他討論，這樣爸媽就可以放心的陪著他走過愛情風暴，家長跟孩子能在愛情風暴中仍保有著關係。

　　那麼下一堂課跟大家說明孩子談戀愛了，家長要跟孩子談性要怎麼開口。

愛與放手
16歲以上孩子性發展的體驗期（下）

我想要看見美麗的月亮
不用擁抱它滿山遍野的坑巴
我想要品嘗甘甜芬芳的蘋果
不用吞嚥它苦澀粗糙的果核
如果可以
我願只留下夢幻旖旎
讓現實孤單徘徊在黑夜裡

但是你說
坑巴蓋成了月亮　果核長成了蘋果
是現實
成就了我們的愛情

　　緊接著第九堂課，認識了在青春期初始的戀愛當中，最讓年輕人心醉沉迷也讓家長擔心焦慮的蜜月期。第十課我們接著談，當孩子16—17開始談戀愛之後，怎樣跟孩子開口談性，而這個性，不再只是生理知識的性教育或是防止性侵害的性了，而是孩子從青少年逐步邁向成人，開始要踏入性的世界，那個應該是相互有意願的探索、應該是充滿好奇、應該是享受、應該是愉悅與可能伴隨著親密感的性。

　　請原諒我把親密放在最後，一般來說大家喜歡把親密放在前面，但就如同我上次跟大家探討的蜜月期，蜜月期是人在關係階段中，唯一的一個階段能擁有隨手可得的幸福感，不需努力，這個蜜是甜蜜的蜜，不是親密，密合的密，真正的親密是需要經過關係中接下來的自我坦露期、衝突期、和諧期，且在其中從痛苦、到學習、到修行的歷程，才能修到，然而，如果你現在跟正在談戀愛的人，無論幾歲，你跟他說「要理性的想清楚你真的愛他嗎？他真的愛你嗎？」，在蜜月期中的人答案就是～～「這是真愛感覺不會錯的，我對其他人都不會這樣這樣，我只有對他會這樣這樣……」，你再說「這只是激情，不是愛情，你們在蜜月期，離真正的關係還遠的呢？愛情要經過考驗才能修煉成正果」，這未免太過與他所在經歷的實際狀況相距甚遠，依照上週我談到蜜月期，人處在熱戀症候群的階段，這些話會讓你成為那對情人眼中礙眼的沙子。

　　或是你再更具體的說，「確定你真的愛他才能跟他發生性行為，他真的愛你才能發生性行為，或是他承諾要結婚

才能發生，不然你就會被始亂終棄～～你就會有污點，就是隨便的女人，不會被珍惜。」

衝擊！性價值觀與情慾感覺的角力

且讓我，跳出今天的脈絡，加入一段文化與性價值觀的說明。貞操觀有龐大的歷史與權力因素，在此暫且不談。但，或許我們可以假設貞操觀，有一個功用是延後性行為的發生，用無法發生性行為來證明愛，然而，貞操觀並不能證明愛，而卻會在性心理與性自尊上面產生嚴重的副作用與扭曲，（我想我不用舉例子來說明貞操觀的年代，男女對於不是處女這件事的傷害，比比皆是，與我們還相距不遠）也許在某些人的心中對於發生第一次性行為會在人生上有污點，這恐懼仍是行為準則，然而，在有些人心中，這已經是無稽之談。性文化的演變，目前在華人文化中，正是在這樣的狀態，每個人經驗到的是不同的影響，正在重新塑造著自己對於性的價值觀。這裡我想提醒心理師們在你面對個案時，記得性價值觀在諮商工作中是無法被教導的，性價值觀沒有應該不應該，他必須是當事人經由他原生家庭所傳遞給他的性價值觀、加上學校、媒體、同儕等各種文化傳播影響因子、及他個人的經驗所融匯出來的狀況，傾聽他的性價值觀與他邁入性的世界中的衝突，也就是價值觀是頭腦，性是感覺，頭腦分析與感覺引導出的行為如果不一致，就會在當事人身

上產生痛苦,而這個痛苦,是在說明著頭腦與感覺,也就是性價值觀與自身的需求,需要一個整合的過程,但這個整合的過程,在時代如果已經允許開始包容不同的可能性時,應該是由當事人主導,因為這是他能在性上面成為一個成人,能分化出文化對他的影響,並為自己決定、為自己負責的歷程。

好的,有點扯太遠了,但,接下來我所使用的案例,你們將會看到我怎麼做,而同時,我很想提醒助人工作者心理師,我收過很多個案,他們找到我們前都曾求助過不同的助人專業,個案很常都是因著其他議題曾找過其他的心理師,然而,跟心理師關係建立到一個階段後,當事人可能會談到性上面的困擾,而在諮商關係中受到傷害,幸運的話,他的心理師會面對自己的不足轉介,不幸的話,心理師會無覺察的以自己認為正確的性價值觀點滲入諮商關係中,無論是貞操重要、關係忠誠重要、或是性自主平權或是性享受是重要的,過於簡化的放在當事人身上都會造成專業權力不平等對個案產生的評價與傷害。

我的工作中常需協助因求助專業而受傷的個案,因為這不是本系列的重點,但就容我有感而發地提醒一下,對於我所帶領的性諮商團隊來說,我的學生是以心理師執照為主的職業,心理師的基本工作,就是協助當事人整合自己,是的,我所訓練的性諮商師,必須具備性教育師與性教練的能力,但性教育與性教練的能力並無既定的性應該是如何才是對的的設定,而是追隨當事人內在的渴望,與他所能接受的

自己，整合出他此刻的樣貌。而對我來說在過程中最重要的是讓他逐步的學習整合自己的能力，因為整合是一輩子的事，擁有面對自己的能力是絕對不會錯的。

好，回到正題，在我離題前，我在說的是，在蜜月期希望當事人想清楚是難的，蜜月期很自然會有身體親近的需求、在探索中對自己有著各種感受的體驗、是正常的，也會覺得愛他到會跟他承諾永遠，這都是蜜月期註定會出現的感覺，但他跟真實的親密是有落差的，希望大家切莫給蜜月期的親密加諸太多的心理意涵，因為往往這個階段過後，這些當時加諸太多的心理意涵或是承諾，都會回來傷害自己，如「我當時怎麼那麼笨、眼瞎了會愛上他、竟然被他……那時誰誰誰都看出來有我被蒙在鼓裡……我被人笑話……我真是頭腦不清楚……」。

原諒自己吧！你只是很正常的經歷了蜜月期而已……你需要留下來的不是自我評價與貶抑，這會讓你不相信自己，失去自信。在這個經驗中，你需留下來的是，原來，我蜜月期會昏到這種程度，經歷了、瞭解了，下次進入蜜月期多一點對自己理解的提醒即可。讓發展回到發展，減少不必要的內在衝突，保護自尊與對自我的學習與認識，是生命經驗帶給我們最重要的禮物。

回到正題，今天的兩個案例的片段，是徵求案主同意，這兩位案主都是20年前還在大學工作時的個案，因為他們的經歷很具代表性，因此我徵求案主的同意能成為上課講授的案例。

展開戀情的悸動

首先先讓我用第八堂課當中，那個每次我去那個學校工作，她就在我旁邊誇張哀嚎暗戀心情的學生，她後續發展的經歷作為今天的開場。她從每次我去那個學校工作就賴在我的辦公室，突然之間消失了三個月，那個學校的老師跟我說她去談戀愛了。

三個月後有一天，我看到預約新個案的名單上面有她的名字，她準時出現，看到我就大叫「老師我好想你呀！」，這個年青人熱情一如她暗戀時候一樣的澎湃、也一樣能自在的表達。

「聽說你去談戀愛了」，我一面示意她進入諮商室一面關上門，「趕快，一五一十的告訴我，是你之前暗戀對象的幾號？」我們倆一起興奮地聽著她描述著他們相戀的那一刻。

「哎呀！就是那個某某某」她描述著自己如何鼓起勇氣的寫了一張卡片跟對方表白，對方沒有馬上回應，忐忑的過了三天，但心中也能接受被拒絕，頂多再回到那一開始的位置，就是遠遠的看著他。沒想到三天後，對方在學校宿舍外面等她，也沒多說什麼的就騎著摩托車載她兜風，她興高采烈地描述她表現的很默默、但心裡很澎湃的開始了戀愛的進展，她感覺蜜月期的甜蜜，到現在仍然是百分百的在體驗它，而且是真實可以碰觸到的體驗，與暗戀截然不同。

「真是美好啊！我聽得都澎湃了起來，今天就是來跟

我分享終於美夢成真的感受嗎？」我問她，沒想到話鋒一轉，她說：「老師～蜜月期是超甜蜜的，但是我也很想跟他分手。」

雖然可以預知自我坦露的階段到來，但，誰不期盼蜜月期的幸福感可以待久一點呢？

「怎麼啦！快讓我知道發生什麼事了。」

「老師～談戀愛好累喔，一個禮拜都要去看夜景、看夕陽、星夜談心好幾次。」她哭喪著臉。

「誒～你不喜歡看夜景、看夕陽、星夜談心嗎？通常這個都是戀愛的人在蜜月期時最愛做的事呢！」

「老師～我就是喜歡才跟他去的呀！但去了就要……哎呀老師，你知道的。」

「去了要做什麼呢？」好奇她所經歷到什麼的表情，我認真的說。雖然可以猜得到這些都是愛撫前戲的場域，但我想試試看是否能聽她自己講出來。

「哎呀！去了就是要摸呀！」

「喔～～那你不喜歡摸與被摸嗎？」真誠、不帶評價的好奇她的感受。

「老師你怎麼問我這個問題！？我是好女孩耶，我雖然暗戀時候叫得很誇張，但是我還是有矜持的好不好。」她一副被質疑清白的神情。

「喔～～你的意思是說好女孩，就不能喜歡摸與被摸是嗎？戀愛中的人會享受耳鬢廝磨、卿卿我我的感覺是很正常的呀！你要不要試著說說看，摸與被摸時你在其中的感

受。」以知識一般化她的慾望。我很平常的回應她。

「好吧！老師～那我承認我當然喜歡摸與被摸囉！才跟他去的。」她放下了清白的需求，接納自己的慾望，回到現實中經歷到的困擾。

「那你幫我多描述一下你經歷的，讓我知道問題出在哪裡呢？」

「老師～每次去看夜景、海邊，情況就會變成……」我幫助她嘗試描述出兩人間的互動，把耳鬢廝磨的畫面具體化「通常會從擁抱、接吻、隔著衣服撫摸、到伸手進去探索、從上半身會漸漸遊移到下半身……從隔著衣服，到肌膚直接接觸……」在這個過程中我們細細的討論，她的感受與困擾。她發現她享受愛撫的感覺，但，為了堅持界線，會讓她在過程中無法放鬆一直保持焦慮。本來應該是愉悅的事，也開始變成無法享受了。

「老師～～」她發出很苦惱地哀嚎「每次去都變成這樣……。『嗯～今天只能摸到這裡不能在摸下去了～～，啊～～又被攻陷了，那確定今天只能摸到這裡，不能再下去了～～，啊～～又被攻陷了。』老師我喜歡摸與被摸，但是好累喔，一點都不能享受，而且我也不能投入，只要我一投入，他就會覺得可以再繼續進行下一步。我覺得這真不公平。」她憤憤不平地說。

「原來是這樣呀，你覺得不公平的是什麼？」不想忽略自己的感覺，照著情慾文化傳遞的潛規則運作，女孩說的是情慾互動人際能力缺乏，希望突破社會文化價值觀定義情

慾流動的盲點，建構情慾協商的能力。

　　「他都很爽，我很累啊！不公平！我想跟他分手了。」她哭喪著臉。

　　「分手是一個選項，說明著你希望他在情慾流動的過程中也能聽到你的聲音，我們先試試看能不能讓你有這樣的能力讓他聽到，如果他執意不聽你的聲音，那你就明白他面對性時，會失去理解你的意願與能力。那麼我們再來討論怎樣分手，包含你需要具備的能力，與會經歷的歷程，幫你做好分手的準備好嗎？」我用我的專業知識與能力，支撐著她（依附能力）。陪她釐清她的情緒，聽到自己的聲音（情緒能力），找出需要建構的能力，陪她鍛鍊（人際能力），讓他使用我這個資源，達成她想要的情慾關係樣貌，建立性自主權是自己可以掌握的（人生哲學）。

　　她點頭，苦喪著的臉放鬆了些，「好，我們再弄的更清楚一點，你經驗到實際的狀況是什麼？」我們開始細細描繪。

　　「我喜歡跟他親密的感覺，但我要花很大力氣才能讓他停下來。通常都要到我有情緒，生氣了，推開他，弄的我們都不開心……」

　　我們詳細討論了一下，在過程中她經歷到的狀況，「那你有沒有發現這個遊戲規則錯了？」

　　「什麼意思呢？」她疑惑的問。

　　「他只要負責進攻、你要負責防守，你不累才怪呢！」

「那怎麼辦呀！他都說只要他看到我，他就會變成這樣性慾旺盛，都是我造成的呀！」

「所以是你要為他的性衝動負責？他不用為他自己的性衝動負責……難怪你覺得累！那這樣不行，遊戲規則要重寫。」我將她的感受轉換成她期盼的關係樣貌，具體的講給她聽。

「怎麼寫呢？」她露出戀人間的關係，不都是這樣嗎？想不出還能怎樣改變的表情。

「你去跟他說清楚你要什麼、不要什麼，講清楚再做。意思是，你希望的是能放鬆享受情慾，而不喜歡他把性當成進攻跑壘的這種互動模式，對吧！」

「嗯～我真的不喜歡，但老師這種事情哪有講清楚的啦！這樣不是……很怪嗎？」她露出被新的觀點吸引，但與文化中潛規則衝突困惑的表情。

「哎呦喂呀！你暗戀的時候就不怕別人說你花痴，你表白的時候都有有勇氣面對拒絕，怎麼遇到性你就只能被動的接受呀！我們一起來研究一下是什麼困住了你？」

怎麼設定性的界限？

我們進行一些討論，確實，在怎麼執行設定界限的技巧上面、跟怎麼堅持，她有很大的困惑。

「老師在我心中愛一個人～～女人敢愛的這件事情我

覺得好像是有勇氣的代表，但我不知道在性上面該怎麼做，的確，如你所說的，遇到性，好像我都只能被動的接受。我沒有任何概念，我在裡面可以怎麼樣設定界限、讓他尊重我～而不要破壞氣氛，可以繼續下去。」釐清了自己，確定了要建構的能力，心情不再被女人在性上面各種令人沮喪的感覺困住。

「諶老師～跟你聊到現在我發現，我想要分手，就是我不想等到那一步，他勉強我、要我跟他發生性行為，我必須強力的拒絕他，然後我要聽他告訴我，如果愛他就要給他，或是如果不跟他做，他就去找別人就要跟我分手，我不想自己落入這樣的處境不如先分手算了。」清楚自己是有尊重自己感覺的力量，只是需要能力讓面對愛戀與情慾關係可以有所不同。

「原來是這樣子！那你來找我真是太重要了，我們一起來腦力激盪可以怎麼做吧！我覺得這個經驗對你是重要的，你經驗到蜜月期的甜蜜與身體親密與需求的強烈，而你也明白到戀愛的學習，不會停在有一個真實的對象後就從此過著幸福快樂的日子，這才是你正式修戀愛學分的開始，如何在關係中釐清自己的情緒、傾聽自己的感覺，學習人際間面對自己與表達自己的方法，包括面對自己的情慾與如何在情慾中設定界線的能力，好多東西要學、要經歷啊！」她專注地聽我說明，頻頻點頭。

「把你的初戀當作增加你談戀愛的能力的經驗吧！」我們一起振奮了起來，「老師，那我們可以怎麼做？」一個

摩拳擦掌的狀態～～那是期望自己不再在關係中或在性上面停留在無力的位置的希望,於是我們開始,逐步推演。

「就你希望的你是,你願意愛撫但是彷彿你有一個底線……我們要不要一步一步釐清,在一般的公共空間你跟他耳鬢廝磨的時候你願意進行到哪裡?而如果你們兩個人在私密的空間,比如說車上、或者是在他的住處、或是你們出去旅行,這種獨處有可能可以發生性行為的時間與空間,你的希望跟底線又是哪裡呢?」

我們討論了她願意與這一個她現在正在交往的人,在約會半公開的場所所願意進行到的身體上的碰觸與感官上愉悅享受的底線,然後我們也討論到跟這個人,在現在這樣的關係當中,她自己如何考量發生性行為這件事。

經過一些澄清與思考,「老師目前我的底線就是不考慮婚前性行為的可能。」

「你指的性行為是什麼呢?因為依照剛剛的討論,你接受程度是兩個人可以上半身脫衣,下半身可以著內褲愛撫,你要不要確定的告訴我,所謂婚前性行為你的定義是什麼?」設定界線就是需要非常具體,模糊與灰色地帶,對有些人是調情的情趣,但對她來說才是讓她最不舒服的位置。

「嗯～～要說到這樣白啊!老師。就是不能進入陰道。」我再幫她澄清了一下,結論是任何東西都不能進入陰道。

「好的,那這樣子我們已經有一個清楚的位置,那我們要討論兩個部分,第一個部分是如何在不同情境當中能夠

堅持你的界線，第二個部分是即便我們有了界線與堅持界線的能力，但都有可能，在意亂情迷當中，無論是他或是你，在那過程當中無法控制、超越了底線，也就是我們設定界線，但也必須做好如果在意外情況當中發生性行為該有的生理準備與心理準備。」她清楚她自己，我就能為她設計出她需要建構的能力，與跟她一起討論達成的做法。

「老師我從來不知道要想到這麼細」她驚訝的說。

「這是一定要的呀！因為我們邁入性生活，最重要的目標是希望一輩子能夠享受性的愉悅與滿足，我想不會有人邁入性生活，就期望著這一輩子會被不愉快的性所困擾吧？然而我們討論到這裡，你有沒有發現性生活要美好，需要許多能力呢？」

她露出恍然大悟的表情「為何都沒有人教我們這些？」

我雙手一攤，一個無奈的表情，性莫名的禁忌與羞恥，其實我們全人類都在付出代價～～～

我們必須逐步討論，伴侶間情慾流動界線設定與溝通堅持的方法，在過程中建構著：

1. 依附能力：她依附著我，釐清自己的底線，相信自己。

2. 情緒能力：演練溝通時有可能面對的狀況。包含對方的態度情緒的衝擊、彼此價值觀的衝突、與彼此嘗試說服對方的方式跟理由，這些過程都充滿著張力與情緒，如何在這些衝擊中，仍能安頓自己的情

緒、能掌握自己的想法,是重要的準備。

3. 人際能力:演練與模擬上述情況發生時,如何溫柔堅定的說出自己的堅持,與如何從衝突中協商出兩個人共同接受的中間點。

4. 資源使用能力:以我(性諮商師)為輔助,學習符合自己期望的性關係中的人際能力。

5. 人生哲學:從在性上面女性只能被動承受,轉變成積極建構在性上面能自主的能力,我可以成為我自己。

　　討論的內容包含,進一步詳細討論適合溝通的時間、地點與兩個人的狀態,及如何協助對方事前做好心理準備。我們必須討論第一次性行為。你想要的是什麼樣的環境?什麼樣的狀態?什麼樣的人?與什麼樣的做法?越清楚的討論,當那個情境逐步逼近要發生性行為的時候,你會有比較清楚的意識,去提醒你這不是你想要的經驗,你知道你想要的是什麼?這將會幫助你更有能力拒絕。同時我們需要辨識情慾表達的各種訊號,並且演練多種打斷情慾的方法,能讓拒絕變得容易些。(聽到那些半推半就的故事總會讓我哀傷～)

　　我請她給我至少五次的時間,讓我們按照進度逐步討論這些歷程與能力。

　　進行到第三次的時候,她告訴我,她男朋友想要一起來,她說她男朋友想來認識一下這個在後面出餿主意的人是

誰。

　　於是第四次的晤談中，兩個人你一言我一語地在描述著，他們情慾互動與溝通的過程。女孩說「老師我是跟他很正式地約了一次吃飯的時間，清楚的告訴他在愛撫中我所願意進行的程度，其他的請他切莫再嘗試，他都回答我說好啊！」苦惱的表情，顯然，要讓男友放掉男性攻城掠地進壘的心態有難度。男孩，露出不可理喻，認為女孩做法完全沒有道理的說：「誒老師我們在看夜景的地方，兩個人正開心時，她突然說等一下，講清楚、講清楚再做不然我不摸了，老師你知道這超掃興的，我只好跟她說～～快說，你要說什麼趕快說吧！然後她就跟我說這裡不能碰那裡不能碰的。」

　　「我一聽，就讓我性慾全消，我就跟她說哪有女生講這麼白的，講這麼白讓我性慾全消，換我不想做了，然後她竟然說，不想就算了，你不答應我不做就對了～～我心想都已經來看夜景好吧我就答應她，然後又摸稍微超線，老師，這是情趣嘛！你懂嗎？她馬上就跳起來說我們說好的，這真的很煞風景耶～～～」

　　「我也不想在那時候掃興，但在咖啡廳好好跟你說，你有聽到嗎！！」女孩既生氣又無奈的說。

　　「你知道她有多想要愛你嗎？」我問他！

　　男孩一臉茫然：「ㄜ……愛我不就是該要給我啊！……」

　　「你知道她有多想要愛你嗎？她想要保護你不要犯法，她想要愛你不想要恨你，她唯有在關係當中能夠保持他

自己,她才能夠完完全全的愛你。你知道什麼是約會強暴嗎?」我跟這個男孩子討論了那些,男孩子腦中習以為常,能夠讓女孩子跟他發生性行為的那一些想法,很多時候都是造成傷害的主要原因,而傷害的對象不只是女孩、也包含男孩。故意要傷害女性,只為了取得自身利益的男性是有的,但也有相當多的男性是因為接受了男性在性文化中被賦予主導的角色,而只會以這樣的方式在關係中運作,傷害了女性這也不是他所願意的。

這個男孩理解了界線是為了保護彼此的意涵後,女孩也放鬆下來了,兩人一起討論,彼此的界線,操作的方法與清楚明確的明白,如果要發生性行為,兩人都是希望自己跟對方都是準備好的情況下發生。進而我們開始討論對於性的各種想法,包括貞操觀與性的後遺症、性病與避孕與意外懷孕與如果發生性行為後關係所會產生的演變。這個經驗讓他們一起學習面對性。

性別刻板印象與潛規則

讓我說明另外一個例子。有一個女孩緊急約診,媽媽說這個孩子一直都是開朗大方活潑人際關係極好,突然間莫名其妙上了高二也就是她17歲之後,就開始不去學校,整天關在房間裡面情緒非常的低落,老師跟家長都擔心她是不是憂鬱症發作了,於是就送她來跟我諮商。

她有一個青梅竹馬一起長大的男朋友，兩家人都十分看好他們的關係，每次諮商是由她男朋友陪她一起來的。

　　女孩跟我進諮商室，男孩在外面等她，我們用了幾次諮商建立了信任關係後，女孩一直哭，說：「老師，我青梅竹馬一起長大的男朋友兼最好的朋友，竟然在我17歲生日那天強暴了我，我不知道我還能夠再信任誰了。」

　　陪伴了她的情緒安頓後，我跟她說明：「這個傷非常的痛，因為那是一種嚴重的背叛，背叛你長久以來對你們關係的信任，現在竟然強暴這兩個字放在你們之間，我想你很困惑，他到底是個怎樣的人、你們之間到底發生了什麼事。」女孩擦著淚點頭。

　　「我想如果你男朋友知道他強暴你了，他應該跟你一樣困惑，因為我猜想你男朋友應該也不知道他對你做了什麼事。」

　　「老師真的他真的強暴我。」女孩堅決的說。

　　我說：「我知道，但是我猜你所經驗到的跟他經驗到的是兩件截然不同的事情，我們請他進來一起討論好嗎？因為他也需要知道他到底對你做了什麼。」

　　女孩抽泣的說：「好，你叫他進來我跟他對質。」

　　我開了門邀請這個男孩一起進來談，男孩一臉傻不隆咚，困惑又好奇地走進諮商室。女孩舉起顫抖的手說：「你……你……強暴我！」男孩一臉驚訝又茫然地說：「有嗎？老師你不要相信她，你相信我，我沒有強暴她，我沒有強暴她，我有跟她溝通過……」男孩著急了。

「沒有，你沒有。」女孩控訴。

「來讓我知道你怎麼跟她溝通的。」

「老師我跟她說，親愛的下禮拜就是你17歲的生日，我要送你個非常特別的禮物喔！Special喔！那時我眉毛還挑了三下這樣還不夠明顯嗎？」（也就是曖昧與色色的表情）

女孩說：「我以為你要送我一隻Kitty貓。」

男孩說：「怎麼可能，特別的禮物耶！我們認識這麼久，當然是要送你的愛的初體驗囉！」男孩急著替自己辯護，「而且你又沒有說你不要！」

女孩急著說：「有！我有說不要，我有說不要。」

我對女孩說：「你要不要試試看告訴我，當時你怎麼說不要而他無法理解的。」

女孩說：「我跟他說不～不～不要很痛～」氣若游絲地說。

男孩鬆了一口氣的說：「老師這句話在我們男生的腦子裡面叫做『請溫柔的占領我吧！』難道一個好女孩會說來吧！來吧！我要！我要？好女孩一定是說『不』，這就是欲拒還迎，如果我們男孩聽了女生的話就此停止，到最後還會被女孩怪沒用呢！」男孩一副，不就該是這樣的表情。

女孩說：「那你沒有看到我起來一直哭嗎？」

男孩笑了說：「按照劇本你當然要哭的啦！你若不哭就換我哭了～你若不哭的話就代表，要不是我做得很爛你完全沒有感覺，要不然就是你已經有過性經驗，那我跟你青梅竹馬還被戴綠帽子不是應該換我哭嗎？按照劇本你是一定要

哭的，你哭的時候我就可以摟著你接下一句話～～」

　　我之前跟大學生演講的時候，常常在這裡停頓問同學，攬著她的肩說七個字，哪七個字？幾乎我常可以聽到學生們異口同聲的說這男孩跟我說的話：「我一定會負責的。」男孩瞪大眼看著我：「不就是這樣嗎？老師要發生性行為不就是要這樣嗎？」

　　異口同聲，說明著，性的社會文化價值觀女人不能主動的潛規則，深深地影響著每一個人。

　　大家聽到這裡覺得是誰錯呢？是這個男孩沒有尊重這個女孩造成的約會強暴？還是這個女孩沒有清楚表達自己，害她自己得到不愉快的性經驗？

　　在我看來這兩個人都沒有錯，錯的是這個社會文化在性別刻板印象當中所灌輸在男性、女性腦中的性價值觀，這一些不能言明、帶著羞愧的存在關係當中的性事，任誰也不知道怎麼樣把這些話講白還能繼續做下去。

參透性，學會尊重學會愛

　　社會價值觀造成了即便沒有惡意都會產生的性傷害，加上沒有性溝通能力的示範與教導，很多時候即便你知道了也沒有足夠的性自尊，沒有能力釐清自己在性上面的各種情緒，與相對應的人際能力，或是健全的支持系統，能夠陪伴你練習如何將這困難的對話在彼此之間溝通。對於性，這才

是造成傷害的主因。

不知道到現在大家是否可以明白為何性教育生涯規劃的重點是以依附關係為主體，而性教育不只是幼兒時期教導孩子身體的變化、性別的差異跟青春期性徵發育所會造成的大量的波動，所有的性教育是預備著讓孩子邁向性的世界時，能夠有良好的性自尊、健康的看待自己，同時知道如何真正執行尊重自己、也尊重他人的人際界限。

尊重不是為了保護女性才說的話、才站到的位置，就如同我跟這男孩說的，「這女孩很想愛你，她保護自己、尊重自己，也不放棄讓你因著跟她互動而學會聽到她，尊重你自己，避免你因為無知而犯錯。」

這是我們說，性教育是全人教育的意涵，性教育從不是只為了性，性教育是在最困難的地方學會尊重與界線，才能學會愛。

有很長一段時間我跟16~17歲到25歲的年輕人工作，我聽過許多哀傷的故事，很多時候當事件爆發，我看到社會或是家長或是學校，都在找犯錯的人是誰，該給他什麼懲處。現在更多的時候我看到的，青少年男女進入愛情進入性，在性上面受到的各種傷害，都是因為無知，而這個無知，不只發生在他們身上，或許更準確的說是這個社會沒教給他們，他們應該知道的知識。

你怎麼能叫一個人去潛水，卻不給他相關的訓練跟相關的配備呢？你怎麼能假設他從坊間道聽塗說一些訊息，就能夠去面對他自己的慾望呢？說到這裡我不知道是潛水比較

危險，還是性比較危險？但是我知道無知、沒有能力才是最大的危險。

　　這是為什麼我一開始提出的理論是，能力建構取向，人格與性人格脊椎重建與修復的歷程。

　　在性這個領域我們都缺乏許多基礎必備的能力，我們的性的自尊都受著社會價值觀各種評斷，而否定自己或活在陰暗的角落中，即便外表光鮮亮麗事業成就，但面對性卻不見得是如此。

　　因此我建構的人格脊椎的理論在依附關係的部分，除了以今天這個系列親職性教育生涯規劃當中所呈現的，希望指引各位家長／成人能夠逐步地跟著孩子發展當中的學習，讓自己成為一個比較好的依附對象，各位也會一直聽到我講另外一個重點就是「知識建構依附」，只有知識能夠調節舊價值觀刻印在我們身上的那些烙印，更多的時候需要依附你細心為自己挑選的適合你的性諮商心理師，讓我們有新的眼光看待自己，而能嘗試的從社會價值觀的評價當中，轉過身來為自己療內在最深的傷。

愛的傳承

成年期孩子性發展的實踐期

上天賜給我們每個人一個身體

卻忘了附上說明

孩子

不需要擁有所有的說明書

我願意送給你一份祝福

願這份祝福

願它化解紡錘的尖銳

讓你甦醒　成為你自己

這是親職性教育生涯規劃的最後一堂課。我想先談談規劃第九堂課的理念，是因為知道性溝通是性教練這個技術中最難的教授技巧，而與幼兒談性，兒童與青少年談性目前要找到示範的方法與教學，已經比較容易，但對家長來說，跟青年人談性的示範幾乎很難取得，因此雖然在第九堂課我提出的示範當中，我並非家長的角色，但希望盡量在有限的時間中呈現一個脈絡，讓大家可以有個概念，原來性，真的是可以談的，而且，對於一生的性教育與幸福，是至關重要的。

第十堂課當中的兩個案例情境，不知道大家閱讀後，除了我跟個案在其中討論性的準備與選擇，還理解或收穫到什麼？如果是現場上課，會請學生分析我的做法，這樣對於一個訓練師來說，就能夠評估學生在課程中吸收的重點與尚需建立的能力。

給助人者的練習

建議大家可以先把第十堂課的案例，以我前九堂課的重點，分析一下我如何將前九堂課的概念呈現在這兩個案例中。

1. 請分析，以依附關係為主體、能力建構取向為支撐、系統合作為輔具的性教育，如何執行。
   目的建構知識與專業依附為鷹架，轉換社會文化以

評價為主並有清楚的性別刻板化印象的性價值觀點，把這樣的觀點轉換成以人為本，協助當事人理解自己並建構缺乏的能力，讓當事人在其中重整自己的自尊與力量，並有足夠的能力達成當事人期望的幸福人生。

2. 性諮商師，也就是呂嘉惠，對當事人整體發展需求的評估，如何並妥善且適量的使用性教育師與性教練的能力，追隨當事人內在的渴望，與她所能接受的自己，整合出她此刻的樣貌，這個過程中當事人得到的是什麼，對她性價值觀上的影響是什麼？影響是怎麼產生的？

3. 你觀察到呂嘉惠如何支撐當事人為她自己負起責任，且協助當事人建構對她有益的系統（以這兩個案例中我對她男友做了什麼？）

4. 呂嘉惠具體如何協助雙方形成「伴侶間情慾流動界線設定與溝通堅持的方法」。其中包含著：

（1）釐清自己的底線也說出自己希望的。

（2）演練溝通時有可能面對的狀況，包含對方的態度情緒的衝擊、彼此價值觀的衝突、與嘗試說服對方的理由，如何在這些衝擊中，仍能安頓自己的情緒，溫柔堅定的說出自己的堅持，及如何從其中找到兩個人共同接受的中間點。

（3）演練與模擬上述情況發生時回應的方法，安頓情緒的方法與相信自己的方法。

（4）討論適合溝通的時間地點與兩個人的狀態，及
如何協助對方事前有心理準備。

第十堂課中，第二個稱男友約會強暴的例子，我並沒
有講完他們的處遇，但其實我的結論已經說明我的作法。沒
有講完的原因，是因為這後續的處理，除了協助雙方分化社
會性別刻板化印象對自己的影響，及在這影響下這樣的經驗
對彼此造成的傷害，重新協助雙方建構在性行為上學習且合
作的伴侶關係，整體概念與前面「伴侶間情慾流動界線設定
與溝通堅持的方法」差不多，討論不要的，說出自己想要
的，然後，會歷經彼此身上刻印著的文化期待男人應該、女
人應該的價值觀點，能夠在兩人間重新檢視，重新釐清，學
習聽懂彼此、重新建構兩人間共同面對性的方法與面對性的
後遺症的恐懼。

概念是如此，但，沒講完的原因，是因為這其中牽涉
到女性如何從被害者、被迫者的位置，轉移到面對自己的情
慾與為自己情慾負起責任的位置，這個題目，是難的，難的
不是在我諮商室中的個案，難的是遇到性的議題時，介入處
理的人性價值觀會產生顯著的影響，難的是這樣的概念，如
我第十堂課的題外話，心理師或助人工作者或家長，需要重
視自己與個案／學生／孩子在權利上的不平等，過於簡化的
將自己認為的性價值觀點（無論是貞操重要、關係忠誠重
要，或是性自主平權、或是性享受是重要，或是情慾自主的
文化觀點）放在當事人身上或非由當事人意願的滲入治療當

中，是有可能造成傷害的。

　　第二個難，難的是即便你是有專業倫理的性諮商師，或你找到的是你信任的心理師，但，青年期，雖然成年，家長仍具有相當的影響力，特別是非預期的性行為發生，有時雖然在你諮商室中是你跟他或你跟他們兩個當事人，但難的是，你不能只以為真的就只有這兩個人在現場，雙方的家長代表著雙方的文化系統，有時沒在現場的家長，不見得願意這樣的角色轉換，角色轉換意味著權利上的喪失，比如可以要求另一方負責、求償等等，或是覺得家風名聲被損害，比如說覺得自己孩子羞恥。

　　第三個難，是性的價值觀的轉變需要許多相關的知識與能力的建構與社會文化逐步的接納人性的真實面，才能逐漸產生，依附舊的價值觀點是有「不會錯、不會被評斷」的安全保證的，很多時候，為了這個重要的安全需求，人會犧牲自己內在真實的聲音，停留在某一個狀態，雖然，那個狀態並不見得能讓他快樂。

　　這是我工作25年深刻可以理解的，有些時候，我會看著在諮商室中的案主吐露著真實的心聲，與他在諮商室外面對眾人所呈現出樣貌的差別，甚至於，有些時候，看著他面對社會眼光的壓力，而選擇保護自己的位置卻做出有可能傷害他人的決定。我，跟他一起哀傷，懺悔那個沒有勇氣面對社會輿論壓力的自己，因為恐懼，做了不想成為的自己，而，這個經驗並不會就此結束，因為傷也將刻印在他身上，我們必須安靜的等待，等待他各方面成熟力量生成，有能力

轉化痛苦為真誠的愛的決心，釋放了自己，也完成了這個經驗。

　　以上，已超過這次主題的範圍，原諒我說的不具體，我希望小心的表達我的想法，不希望太過簡化的舉例，因為那會冒犯在其中受傷的人，而這不是我的希望。但，我還是想說，因為性是很複雜的，性的影響，有時超過各位想像的，那個烙印在心中最深角落的痕跡，對我來說沒有評斷，而是我們生在性價值觀衝突的年代面對生命轉化的必經的歷程之一而已。

　　因為，這是我們談著性教育，不能不去面對社會文化中對於性的觀點，直至今日，我們期望孩子能有性健康的人生，但除非，幸運的孩子的成長的性，完全如發展表定同時每一個階段都立刻的、沒有探索、沒有意外的完全符合在社會期待人際界線的分寸中，我真心希望如此，但如果要如此，社會／家長對於性教育就需要更早、更清晰、更明確的教導，讓性成為知識普及自然能談的事，就可以減少無知的傷害與罪惡感累積促發的行為。社會還沒有發展到那個共識，在其中的人，必定會恐懼、失措在其中不斷的從選擇安全，到有力量真誠面對自己之間擺盪，這是很正常的歷程。唯獨，這些衝突需要被涵容，就能持續的前進。

　　好的，無論如何，這是第十一堂課，有一種叮嚀不完的感覺。鼓勵大家之後重溫這本書時，也可以開始將我在其中說明的案例或是系統合作的範例，進行上述的分析，更棒的是能跟也一起聽課的夥伴激盪討論。這樣會讓你能更清晰

如何將概念運用。

陪伴孩子一生的性教育

　　第十一堂課了，這一堂課該講的是，愛與放手～一起面對的性／幸福與難題，在生命中學習與參透。

　　第十一堂課想講的是，於你不再是孩子的孩子，在性上面如何還能成為互相尊重關心彼此的朋友呢？

　　記得第一堂課說明會的內容嗎？那個夫妻間處在無法發生性生活的關係困境，卻被家長不斷逼生孩子的夫妻的痛苦，相信，我們都不希望與孩子是這樣的關係。

　　因此，最後一堂課，到子女成年了，你也不再站在能教他們什麼的位置了，不如，我們來想想，如果孩子成年，合法合情合理的即將踏入性的世界，請問你會送他什麼禮物呢？

　　我們不妨也回想一下，你成年後你爸媽是否曾經給你任何有關於性的教誨，或是如果你結婚，你的爸媽是否在你結婚前有給你一些在性上面概念的傳承呢？

　　有些人告訴我，她的媽媽會在她的枕頭下放一本書閨房寶典／素女經什麼的，算是對於你進入結婚合法合理的可以擁有性生活的這個族群的一個宣告。你有收過這樣的書嗎？或是家長給你的隻字片語的提醒？很多時候我沒有聽過男生說他結婚時候家長會給他什麼提醒，但是許多女性都有

提到這一點。

我想起一個故事。很多年前有一個60歲的女性帶她的先生到辦公室來，兩個人都白髮蒼蒼，這個女士很生氣的跟我說「老師我要跟他離婚不然我就要跳樓。」。

我說「那這很嚴重，請告訴我發生什麼事了嗎？」

「老師我跟他結婚30年幫他生了三個小孩，我到現在才知道我從來沒有高潮過，我要跟他離婚！」這個是2003年，台灣正經歷著女性意識抬頭、愛自己、重視自己的感受的那一波文化改變的影響中女人的心情。

她先生連忙搖著頭說，「老師你不要相信她，她每次都很爽啊！而且她都還叫得很大聲呢！哪有什麼問題！」

這時女士有點尷尬地說「但是我都沒有高潮呀」，她先生說「你每次都叫成那樣怎麼可能沒有高潮」。

我開玩笑地跟他們說：「你們兩個人是跟同一個人做嗎？看起來經歷到的很不同啊！不如這樣吧！先生你現在讓我知道一個你們一般發生性行為的基礎作法。」

這先生用一種我很莫名奇妙的表情看著我說：「老師，男人不就那三步驟嗎！我就那樣做啊！」15年前到現在，我仍然常聽到那男人的三步驟「來，哪三步驟跟我說明一下。」我問他。

「啊！就親一親、摸一摸然後就上，你知道的，老師，男人就是三步驟啊！」

可以想見這個女性在其中無法享受的原因，有的時候並不見得每次做愛都需要很長的時間前戲與準備，但是如果

每次都只有三步驟，除非這個女士很能夠事先，先讓自己進入狀態，否則不舒服、不愉快、鬱悶那是必然的結果。

於是我轉頭問太太：「這三步驟要叫得很投入也是有點難吧！」這女士才尷尬的低著頭說：「老師，都是我媽害了我。」

她說：「我22歲結婚，也就是38年前，結婚的前一天晚上，我媽跟我再三叮嚀……」

大家可以想一下結婚的前一天晚上媽媽會對即將出嫁的女兒叮嚀，她會叮嚀的是什麼呢？

現在的媽媽叮嚀的可能會是：「如果有什麼被欺負的地方一定要回來媽媽挺你，別害怕離婚，如果遇到不對的人，媽媽希望你快樂之類的。」但近乎40年前媽媽叮嚀的會是什麼呢？

她的媽媽叮嚀她說：「千萬不要傷害一個男人的自尊心」。

很妙的是，每次在我「成人性教育」的演講時如果講到這個例子，只要我開始說：「千萬不要……」台下的聽眾就可以異口同聲把後面的句子把它接下去。這個意思說的是許多時候文化價值觀刻印在我們共同的潛意識當中，我很好奇問她說：「因此這句話對你的性的影響是什麼呢？」

這個太太說：「我就緊緊的記得這句話，因此結婚當晚的洞房花燭夜，我其實一點都沒有舒服的感覺、甚至還覺得有點痛，但我看他忙得滿頭大汗，心裡想起媽媽說的這句話，於是我就嘗試的啊啊啊啊的叫了四聲。沒想到我先生原

先看起來是很內向又有點自卑的人，第二天早上出門上班的時候抬頭挺胸、走路虎虎生風。我心想我媽這句話真的是太有道理了，而當天晚上先生再來求歡的時候我心想，我就給他加把勁多叫個幾聲，看能不能讓他自信更好些。果不其然，從那之後他每天出門感覺都是神采飛揚自信萬千。兩個禮拜之後我其實已經覺得無聊了，但我已經被他制約了只要他做到哪一個動作，我就會忍不住的叫了，這一叫，就叫了30年……」

意思是因為這位女士在開始的時候假裝高潮，兩三個禮拜之後開始覺得沒有感覺無聊了，卻很難跟先生開口說其實自己一點都不舒服之前是假裝的，因為一開口就得揭穿他前面都是欺騙先生的反應，她心想這樣對先生的傷害也很大，但是又不知道該怎麼溝通他到底喜歡什麼，對自己的情慾與身體喜歡的刺激與感受也不了解，所導致的困境。

性教育生涯規劃的傳承與祝福

性溝通是所有性教練中最難教授的能力，在這個能力嚴重缺乏與完全沒有好的示範的情況之下，只好忍耐的接受自己可能不喜歡性、沒有性慾或是性都是男人的需要、女人的性就是為了傳宗接代這樣的觀點。

原本也許就打算這樣度過一生，畢竟60多歲的人，她只要問她身旁的朋友，大部分人或許都已經跟伴侶分房睡，

性也是老不休才會想的事，然而，她的發展正好遇到女性自覺女人愛自己、取悅自己、這一波思潮，帶動她開始對人生從未經歷過的高潮感到遺憾。

而內心，她在說的更多的是，在親密或性關係當中沒有自己聲音，這樣的關係結構、這樣的被對待的方式，是她對人生的不滿，但有時遺憾的是這是文化轉變當中必然經歷的結果。

這個故事讓我想到著2018年的此刻，我們不能再給孩子這樣的婚前叮嚀，但無論是結婚，或是成年之後不一定有婚姻，但他仍然有幸福的權利，我們可以給孩子怎麼樣的祝福呢？

寫到這一堂課的時候，我不禁在想如果是我的孩子我會想要給她的傳承是什麼呢？

雖然這是最後一堂，但是也是一個回到第一堂課我一直提醒大家的，我們的教育哲學、性教育哲學是非常重要的，因為它包含著我們對性的價值觀跟對生命的希望。從第一堂課孩子在幼兒時期到兒童時期基本上都是受著我們的影響與教育，傳承了我們對世界的理解與希望，青春期的時候孩子會逐步地開始接受不同價值觀的影響，而思考著他想相信的世界，到成年期的時候是一個階段我們傳承我們的想法給孩子，而也同時必須完全放手尊重孩子獨立的存在。

那麼到這個時機點，回頭來看我們對於教育與性教育的哲學是什麼？我們希望孩子成年後真的面對性與親密關係的時候，我們能送給他的是什麼？這樣子的一個哲學性的思

考，會更釐清我們陪伴孩子成長的歷程當中的我們行為的準則。

各位家長，試著給自己一個安靜的時間，看著孩子沉睡的臉龐，燦爛的笑顏、跟你衝突的力量、對生命的期盼，將你對你們關係的盼望、你對他人生的祝福寫下，也許有一天，你會送給他，作為你們親子關係結束，成人友伴關係開始的禮物。

如果你沒有孩子，不如就寫一封信送給自己，作為成為自己性教育生涯規劃家長的一份愛的禮物。

以下是我因著這堂課寫的信～～

我想寫在一切還沒有發生之前

我看著你逐漸長出自己、邁向你的人生

我心中充滿著祝福與對你的肯定

還有身為家長必然有的擔心

那擔心源自於對你的愛

那個愛有時候單純簡單到捨不得看到你受苦

即便我深深明白

也在自己的生命中實踐

生命的每一個經歷都是成長的養分

能讓你在其中看見自己的力量你決定自己是誰

但想到在你生命中即將體驗到那些

讓你離開孩童時期純真笑容、或傷心痛苦心碎的時刻

仍然讓我揪心

我想寫在一切發生之前讓你知道

我保證我會好好照顧自己學習生為家長所需要的知識
與能力

但
如果在那些時刻到來
你看到我使用家長的權力禁止、阻攔、想要拉住你
別往受傷的地方去

然而當那一天到來
無論衝突的痛苦如何阻隔了我們
讓你我停止了真誠分享的連結

我想要寫在一切發生之前
我想要你記得、也會讓自己記得

這一切出自於愛
我期盼我的愛有足夠成熟的智慧來容納
你我的不同
我期盼我們的愛有足夠的力量
來支撐我們從我的時代跨向你的時代

我已做好與你一起前進的決心

但我想寫在一切還沒有發生之前

與其說是讓你知道
更多的是讓我在未來我們衝突或為你擔心痛苦時
提醒我自己記得
相信你　相信愛　相信生命

關於性
你媽的書庫，你一直可以自由進出的
裡面有人們對於慾望的各種樣貌的書籍記載著許多人
面對性的各種想法

無論你幾歲，對身體、慾望、性有什麼好奇、想法，
你知道你隨時可以跟我討論、分享

在愛情、在性上面經歷到的各種經驗與各種情緒，我
很樂意傾聽
當你困惑不知如何面對自己或對方，我可以跟你一起
激盪一百種方法
（就如同你小時候面對人際困擾時，我們一起激盪，
然後你去嘗試去實驗後，慢慢的找到你在人際間安頓
自己的方法與位置）

關於性
我想讓你知道
身體是奇妙的，對自己的身體保持著發現
對自己的感受保持著好奇、探索而非固著

如果你有一起經歷性探索、性行為的對象
請你保持著對自己身體是奇妙的、感受是值得探索的
相信
也帶著這樣的好奇與相信探索對方

好奇、探索、創意是身體與心靈的本質
性也該是如此

任何抹煞這個本質的狀態出現
都是你該照顧自己的時刻

我已將我所知道與能做到的最好的愛給你
你知道我在你心裡。需要我時，呼喚我
無論我在哪裡

這十一堂親職性教育生涯規劃中，我們一起從愛出發～
　　在孩子性發展的萌芽期時，我們一起積極的將依附關係的概念放入性教育當中，同時理解親職教育是親職性教育的基礎，讓自己成為學習型家長，建構支持系統讓自己被支

持不孤單。

　　在親職性教育能力建構的暖身期，知道自己在性教育上面需要支持、學習與被照顧，替自己建立支持系統就是進行性教育暖身的開始，同時理解性教育是全人教育，我們在課程中學習到呂嘉惠的人格脊椎概念，明白每一個事件都同時在修復自己的人格脊椎，與建構自己更能支撐孩子面對性的性人格脊椎。

　　之後我們開始愛的鍛鍊～在孩子性發展的懵懂期，我們以大家的提問與雙關語簡單案例的說明，將依附關係為主體的性教育與人格脊椎的概念做整合性的說明，更清楚的闡述親職性教育能力建構與知識儲備期的重要性。

　　第六堂、第七堂、第八堂我們用了三堂課大致的對青春期家長要面對的發展脈絡有個心理準備，愛的設限～孩子性發展的青春／摸索期，撞擊著每個家長如何面對性價值觀衝擊下的設限與涵容能力。我們開始面對成為青春期孩子的家長，面對性價值觀衝擊的困難，我以處理一位發生性行為未成年人的架構，簡述與家長工作的系統合作，說明建構支撐的鷹架協助受衝擊的家庭度過性議題的衝擊，也以一個耕耘十年完美的系統來鼓勵大家性教育推展是需要耕耘的，說明面對青春期孩子的家長需要為自己建構支持系統，也要為孩子建構你之外的支持系統，記得嗎？青春期是性發展的爆發期，先抓緊依附關係調整的關鍵時刻，別急著管孩子的「性」。度過了青春期的風暴，希望孩子仍願意與我們同在一起攜手前進。

親職性教育生涯規劃，你努力堅持不放棄的走到此，送給自己最好的禮物是跟著孩子成長送給自己自主學習「一生的性教育」，同時你也送給孩子一份最寶貴的人生態度，就是「性教育是一生關心自己的學習」。

　　在你的青年孩子開始體驗性時，你知道，這是之前18年以依附關係為主體的全人性教育累積的實踐。孩子開始進入愛情、進入性，如何實踐傾聽自己的感覺、有能力能表達自己、傾聽別人的感覺，有能力與對方協商，在愛情在性上面不因為文化性別刻板印象而受傷，學習真誠的理解自己與對方與關係，這個不是口號是一生的修行。

　　到此，我們能安心的愛、安心地放手，我們與不再是孩子的孩子，更希望是最好的朋友，一起面對的性／幸福與難題，在生命中學習與參透。

　　親職性教育生涯規劃第十一堂課到此告一段落。跟各位說明一下，這十一堂課中，確實心中會有忐忑，因為無法完全能夠抓到各位所在地的社會性價值觀文化，不能確定是否能夠完全貼近大家的經驗，但我只能就我所知道部分跟大家分享，嘉惠深知在性的主題上在地文化是非常重要必須被尊重的因素，如有不符合的部分，也請海涵。

　　在課程結束前，我想跟各位分享，言語無法闡述這十一堂課對我的啟發與意義。在撰寫的歷程，療癒著我從業25年陪著孩子與家長與系統在其中承載的刻印。

　　非常感謝各位的閱讀，祝大家成為自己的家長，有緣再見。

後記

　　2018年中國開森平台11堂線上課程結束之際，女兒13歲，我迫不及待的將寫給她的信，交給她，她看完面露疑惑地說：「你為什麼要寫給我，我早已經知道的事呢？」「哎呦，你媽難得多愁善感一下，把我愛你的心情寫給你……哎呀！你不懂啦！」我一把把信搶回來，給她一個對牛彈琴的表情。

　　「好啦好啦～～」快跟我一樣高的她，摟著我說：「我忘了你是我媽，因為，你是我最好的朋友。」

　　　　相遇
　　　　是一場旅行

　　　　我們走過了地圖
　　　　經歷了鍛練
　　　　共享了青春
　　　　體會了愛情

　　　　獻上給自己的祝福
　　　　留下閱讀的筆記

相遇
是每個瞬間

我們體會了尊重
認識了界線
經驗了困惑恐懼
找回了性與愛

願我們同在

感受
流動在天地之間

國家圖書館出版品預行編目資料

愛與放手：親職性教育生涯規劃11堂課／呂嘉
惠著. --初版.--新北市：荷光性諮商專業訓練中
心，2021.1
　　面；　公分
ISBN 978-986-99512-0-3（平裝）
1.性教育 2.親職教育
544.72　　　　　　　　　　109013622

愛與放手：親職性教育生涯規劃11堂課

作　　者　呂嘉惠
編　　輯　張菀馨
封面設計　陳曼荷、張毓玲
發 行 人　呂嘉惠
出版發行　荷光性諮商專業訓練中心
　　　　　新北市新店區中華路60巷2弄3號3樓
　　　　　電話：（02）2914-3527
　　　　　E-MAIL：beoneplace@gmail.com
　　　　　網址：http://www.beone.tw/
設計編印　白象文化事業有限公司
　　　　　專案主編：黃麗穎　經紀人：洪怡欣
經銷代理　白象文化事業有限公司
　　　　　412台中市大里區科技路1號8樓之2（台中軟體園區）
　　　　　出版專線：（04）2496-5995　　傳真：（04）2496-9901
　　　　　401台中市東區和平街228巷44號（經銷部）
　　　　　購書專線：（04）2220-8589　　傳真：（04）2220-8505
印　　刷　基盛印刷工場
初版一刷　2021年1月
初版二刷　2021年5月
二版一刷　2022年9月
二版二刷　2023年7月
定　　價　280元